APRENDIZAGEM
LÍNGUA PORTUGUESA

- Conhecimentos linguísticos
- Gênero textual

ATIVIDADES

9

Organizadora:
SM Educação

Obra coletiva, desenvolvida
e produzida por SM Educação.

São Paulo, 1ª edição, 2019

Aprendizagem Língua Portuguesa 9
© Edições SM Ltda.
Todos os direitos reservados

Direção editorial	M. Esther Nejm
Gerência editorial	Cláudia Carvalho Neves
Gerência de *design* e produção	André Monteiro
Edição executiva	Andressa Munique Paiva
	Colaboração técnico-pedagógica: Raphaela Comisso, Wilker Leite de Sousa
	Edição: Ana Spínola, Beatriz Rezende, Carolina Tomasi, Isadora Pileggi Perassollo, Laís Nóbile, Lígia Maria Marques, Rosemeire Carbonari
	Suporte editorial: Fernanda Fortunato
Coordenação de preparação e revisão	Cláudia Rodrigues do Espírito Santo
	Preparação e revisão: Berenice Baeder, Cecilia Farias, Izilda de Oliveira Pereira
Coordenação de *design*	Gilciane Munhoz
Coordenação de arte	Ulisses Pires
	Edição de arte: Andressa Fiorio
	Assistência de arte: Janaina Beltrame
Coordenação de iconografia	Josiane Laurentino
	Pesquisa iconográfica: Ana Stein, Bianca Fanelli
	Tratamento de imagem: Marcelo Casaro
Capa	Andreza Moreira, Gilciane Munhoz
Projeto gráfico	João Pedro Brito, Gilciane Munhoz
Pré-impressão	Américo Jesus
Fabricação	Alexander Maeda
Impressão	BMF Gráfica e Editora

Dados Internacionais de Catalogação na Publicação (CIP)
(Câmara Brasileira do Livro, SP, Brasil)

Aprendizagem língua portuguesa 9 : atividades : ensino fundamental : anos finais / organizadora SM Educação ; obra coletiva, desenvolvida e produzida por SM Educação. — 1. ed. — São Paulo : Edições SM, 2019.

ISBN 978-85-418-2380-7 (aluno)
ISBN 978-85-418-2389-0 (professor)

1. Português (Ensino fundamental)

19-26610 CDD-372.6

Índices para catálogo sistemático:
1. Português : Ensino fundamental 372.6

Maria Alice Ferreira – Bibliotecária – CRB-8/7964

1ª edição, 2019
2ª impressão, 2020

SM Educação
Rua Tenente Lycurgo Lopes da Cruz, 55
Água Branca 05036-120 São Paulo SP Brasil
Tel. 11 2111-7400
atendimento@grupo-sm.com
www.grupo-sm.com/br

APRESENTAÇÃO

Caro aluno, cara aluna,

É com satisfação que apresentamos a coleção *Aprendizagem Língua Portuguesa*, que contempla **atividades** para você colocar em prática seus conhecimentos sobre a língua.

Esta coleção é dividida em três partes:

- *Conhecimentos linguísticos*: síntese de conceitos e atividades diversificadas para você verificar o que aprendeu sobre os conteúdos linguísticos estudados nos anos finais do Ensino Fundamental.

- *Gênero textual*: informações e atividades sobre gêneros variados e de circulação em diferentes contextos, bem como propostas de produção escrita do gênero em estudo para que você possa ter mais experiência de autoria.

- *De olho nas avaliações*: questões de vestibulares e de exames nacionais para você se familiarizar com esses testes e se preparar para ingressar em uma universidade.

Com isso, o objetivo da coleção *Aprendizagem Língua Portuguesa* é aprimorar seus conhecimentos linguísticos e textuais, desenvolver competências e habilidades e ajudá-lo a estudar para avaliações escolares de modo mais autônomo, em casa ou na própria sala de aula.

Desejamos que este material seja um instrumento que potencialize e dinamize seus estudos e lhe proporcione um rico momento de sistematização do aprendizado.

Equipe editorial

SUMÁRIO

CONHECIMENTOS LINGUÍSTICOS

Período composto 6
- Período composto por coordenação ... 6
- Período composto por subordinação ... 6

Influência da fala na escrita ... 7
▶ Praticando 7

Orações subordinadas substantivas ... 14
- Tipos de oração subordinada substantiva 14
- Orações subordinadas substantivas reduzidas 14

Pontuação nas orações subordinadas substantivas 14
▶ Praticando 15

Pronomes relativos 22
Orações subordinadas adjetivas ... 22
Uso de *este*, *esse* e *aquele* ... 22
▶ Praticando 23

Orações subordinadas adverbiais ... 30
- Tipos de oração subordinada adverbial 30
- Orações subordinadas adverbiais reduzidas 30

Pontuação nas orações subordinadas adverbiais 30
▶ Praticando 31

Concordância verbal 38
Concordância nominal 39
Onde* e *aonde*; *se não* e *senão ... 39
▶ Praticando 40

Regência verbal e regência nominal ... 46
Colocação pronominal 46
O uso da crase 47
▶ Praticando 47

Estrutura das palavras 54
- Radical e afixos 54
- Desinência, vogal temática, consoante e vogal de ligação ... 54

Grafia de alguns sufixos e palavras cognatas 54
▶ Praticando 55

Processos de formação de palavras ... 62
- Derivação e composição 62
- Onomatopeia, abreviação, abreviatura, sigla e hibridismo 62

O uso de aspas 63
▶ Praticando 63

GÊNERO TEXTUAL

Conto psicológico **70**
Conto social **70**
- ▶ Praticando 70
- ▶ Produzindo 73

Crônica **74**
Vlog de opinião **74**
- ▶ Praticando 75
- ▶ Produzindo 77

Crônica esportiva **78**
Reportagem **78**
- ▶ Praticando 79
- ▶ Produzindo 80

Reportagem de divulgação científica .. **82**
Infográfico **82**
- ▶ Praticando 83
- ▶ Produzindo 84

Roteiro de TV e roteiro de cinema ... **86**
- ▶ Praticando 86
- ▶ Produzindo 88

Artigo de opinião **90**
Lei **90**
- ▶ Praticando 91
- ▶ Produzindo 93

Resenha crítica **94**
- ▶ Praticando 94
- ▶ Produzindo 97

Anúncio publicitário
e anúncio de propaganda **98**
- ▶ Praticando 99
- ▶ Produzindo 101

DE OLHO NAS AVALIAÇÕES **102**

CONHECIMENTOS LINGUÍSTICOS

Período composto

- As orações que formam um período composto podem se articular por meio de dois mecanismos: a **coordenação** e a **subordinação**.
  - Na **coordenação** não há hierarquia entre as orações que formam um período composto. As orações coordenadas são, portanto, **independentes sintaticamente**, não atuam como um termo sintático de outra oração do mesmo período e também não necessitam que outras orações funcionem como um de seus termos.
  - Na **subordinação** há uma relação de **dependência** entre as orações que compõem um período. As orações subordinadas desempenham, portanto, uma função sintática em relação a outra.

Período composto por coordenação

- Quando uma oração coordenada se justapõe a outra sem a presença de conjunção, é classificada como **coordenada assindética**.
- Quando uma oração coordenada se liga a outra por meio de conjunção, é chamada de **coordenada sindética**.
- As orações sindéticas classificam-se como **adversativas**, **aditivas**, **conclusivas**, **explicativas** ou **alternativas**. A classificação das orações sindéticas é estabelecida conforme a ideia expressa pela conjunção que as introduz.

Período composto por subordinação

- No período composto por subordinação, a oração que é completada pela oração subordinada é chamada de **oração principal**.
- No período composto por subordinação, a oração que desempenha função sintática na estrutura de outra (ou seja, da oração principal) é chamada de **oração subordinada**.
- Orações subordinadas classificam-se em **substantiva**, **adverbial** e **adjetiva**, conforme o valor que assumem.
- As orações subordinadas também podem ser classificadas de acordo com a forma.
  - Na **forma desenvolvida**, a oração subordinada apresenta conectivo que a liga à oração principal e seu verbo está flexionado no modo indicativo ou subjuntivo. Por exemplo: O pai sugeriu que esquecessem o ocorrido.
  - Na **forma reduzida**, o verbo é empregado em uma das formas nominais (gerúndio, particípio ou infinitivo) e, em geral, a oração não apresenta conectivo. Por exemplo: O pai sugeriu esquecer o ocorrido.

Influência da fala na escrita

- A **ortoépia** (ou ortoepia) é o estudo da pronúncia considerada "correta". Ela reflete a forma de falar dos grupos mais privilegiados e letrados da sociedade.
- A **prosódia** se ocupa da correta colocação do acento tônico nas palavras.
- A pronúncia das palavras, no entanto, pode sofrer alteração de acordo com a **variedade linguística** utilizada, e isso deve ser respeitado. Ao não respeitar determinada variedade, agimos com **preconceito linguístico** em relação ao falante ou a um grupo de falantes.

▶ Praticando

1. Leia os dois trechos a seguir e responda às questões.

    I. O olfato é um sentido poderoso. **Pode fazer com que se fique mais alerta, reduzir a ansiedade e influenciar sobre a confiança da pessoa.** [...]

    Andrew Johnson; Andrew Moss. A madalena de Proust, ou por que somos capazes de lembrar dos cheiros da infância? *El País*, 23 abr. 2017. Disponível em: <http://brasil.elpais.com/brasil/2017/04/12/ciencia/1492013791_451324.html>. Acesso em: 9 abr. 2019.

    II. Tudo começou em março de 2016. "Eu olhei para minha prateleira e notei que algo estava faltando", conta Aisha Esbhani, paquistanesa de 13 anos, da cidade de Karachi. Depois disso, a menina decidiu ler uma obra de cada país do mundo, para conhecer autores e culturas diferentes, **já que a maioria de seus livros vinham dos Estados Unidos ou do Reino Unido**.
    [...]

    Giuliana Viggiano. Paquistanesa de 13 anos cria projeto para ler um livro de cada país. Revista *Galileu*, 25 abr. 2017. Disponível em: <http://revistagalileu.globo.com/Cultura/Livros/noticia/2017/04/paquistanesa-de-13-anos-cria-projeto-para-ler-um-livro-de-cada-pais.html>. Acesso em: 9 abr. 2019.

    a) Observe o período em destaque no trecho I. Esse período é simples ou composto? Justifique sua resposta.

    b) No trecho I, como a oração "reduzir a ansiedade" é classificada? Explique.

    c) Na oração "e influenciar sobre a confiança da pessoa", do trecho I, identifique a conjunção empregada e, depois, classifique a oração.

    d) Na oração "**já que** a maioria de seus livros vinham dos Estados Unidos ou do Reino Unido", do trecho II, a locução conjuntiva em destaque poderia ser substituída, sem mudança de sentido, pela conjunção:
    ( ) mas   ( ) pois   ( ) portanto   ( ) contanto que

    e) Como a oração em destaque no trecho II é classificada?

2. Reescreva as orações de cada item, agrupando-as de maneira que formem um período composto por coordenação. Para isso, empregue uma conjunção coerente e faça as adequações necessárias.

   a) Ler é fundamental.
   Ler contribui para a formação humana.
   _____

   b) Luciana gosta de verde.
   Luciana prefere azul.
   _____

3. Leia a tira a seguir e responda às questões.

Charles M. Schulz. *Snoopy*: sempre alerta! Porto Alegre: L&PM, 2013. v. 10. p. 75.

   a) No primeiro quadrinho, há várias orações coordenadas assindéticas. Identifique-as.
   _____
   _____
   _____

   b) Qual foi a intenção de Charlie Brown ao empregar várias orações coordenadas assindéticas para conversar com Snoopy?
   _____
   _____
   _____
   _____

4. Leia os períodos a seguir e observe as conjunções em destaque.

   I. André vai tirar férias, **mas** pretende viajar.
   II. Juliana saiu mais cedo do trabalho, **pois** precisava ir ao médico.
   III. Roberto quer ser professor **e** dar aulas de Geografia.

   • As conjunções em destaque nos itens acima introduzem, respectivamente, orações coordenadas sindéticas:
      a) (   ) adversativa, conclusiva e explicativa.
      b) (   ) adversativa, explicativa e conclusiva.
      c) (   ) adversativa, explicativa e aditiva.
      d) (   ) conclusiva, explicativa e aditiva.
      e) (   ) explicativa, adversativa e aditiva.

5. Identifique a quantidade de orações nos períodos a seguir. Em seguida, classifique essas orações, justificando sua resposta.

   a) Cheguei, almocei e saí.

   b) É preciso que as pessoas se respeitem mais.

6. Observe as orações subordinadas em destaque nos períodos a seguir e classifique-as em substantiva, adjetiva ou adverbial.

↑ Museu Hermitage, em São Petersburgo, na Rússia.

   a) **Assim que eu chegar a São Petersburgo**, visitarei o Museu Hermitage.

   b) Acreditamos que **a visita ao** Museu Hermitage **seja longa**.

c) Não importa **o que vão dizer**.

d) Convém **que elevem o crescimento do país**.

e) Chico Buarque criou diversas canções **que foram censuradas durante o regime militar no Brasil**.

f) **Quando ocorreu a ocupação nazista na Polônia**, obras de arte foram saqueadas.

7. Em 1911, no Museu do Louvre, em Paris, ocorreu um dos maiores roubos de obra de arte da história: o da pintura *Mona Lisa*, de Leonardo da Vinci. O trecho a seguir trata de algumas das tentativas de se recuperar a obra.

> La Gioconda tinha desaparecido do Louvre fazia mais de dois anos e, no período, sósias da Mona Lisa apareciam por toda a Europa. Mas toda vez a imprensa internacional informava **que a obra era falsa**.
>
> A Mona Lisa fora vista atravessando a fronteira para a Suíça e esgueirando-se para além da França em Le Havre e em Dunquerque. Foi avistada pulando para dentro de um trem de carga **que ia para a Holanda**, passando por Namur, Liege e Bruxelas, e vista a bordo do vapor *Cordiller*, que se dirigia para a América do Sul. Policiais em Bordeaux, onde o navio estava ancorado, fizeram uma busca no vapor e atrasaram sua partida, mas não encontraram nada escondido. Talvez fosse a embarcação errada. Também houve informação **de que a Mona Lisa teria embarcado no SS *La Champagne***, que iria para a América do Sul.
>
> Em agosto, um cavalheiro inglês obviamente abastado havia irrompido na embaixada britânica em Paris certa noite, com uma pintura que ele desconfiava ser a obra-prima desaparecida. O embaixador atarantado imediatamente mandou chamar as autoridades francesas. A Mona Lisa parecia autêntica até na leve rachadura próxima ao canto superior do painel. **Depois de submeter a pintura a exame detalhado**, uma equipe de especialistas do Ministério das Belas-Artes e do Louvre concluiu com unanimidade **que a idade estava certa** e a qualidade era excepcional, mas a Mona Lisa do inglês era cópia.

R. A. Scotti. *Roubaram a Mona Lisa!*: o extraordinário relato do maior roubo de arte da história. Tradução de Ana Ban. Porto Alegre: L&PM, 2009. p. 152-153.

↑ *Mona Lisa*, em exposição no Museu do Louvre, em Paris, na França.

a) Observe as orações em destaque no texto e avalie os itens a seguir.

I. As orações "que a obra era falsa" e "que a idade estava certa" são subordinadas substantivas.

II. As orações "que ia para a Holanda" e "que iria para a América do Sul" são subordinadas adjetivas.

III. As orações "de que a Mona Lisa teria embarcado no *SS La Champagne*" e "que a idade estava certa" são subordinadas adjetivas.

IV. As orações "que ia para a Holanda" e "que iria para a América do Sul" são subordinadas adverbiais.

V. A oração "Depois de submeter a pintura a exame detalhado" é subordinada adverbial.

- Estão corretas somente as afirmativas:
  - (   ) I e II.
  - (   ) I, II e V.
  - (   ) III, IV e V.
  - (   ) I e V.
  - (   ) II e V.

b) A oração "**Depois de** submeter a pintura a exame detalhado" é subordinada a uma principal.

- Identifique a oração principal a que ela é subordinada.

_____

_____

- O uso da expressão destacada atribui à oração subordinada circunstância adverbial de:
  - (   ) condição.
  - (   ) proporção.
  - (   ) tempo.
  - (   ) comparação.
  - (   ) consequência.

c) No trecho "uma equipe de especialistas do Ministério das Belas-Artes e do Louvre concluiu com unanimidade **que a idade estava certa**", há duas orações que mantêm uma relação de dependência sintática entre si. A sentença em destaque completa o verbo **concluir**, desempenhando a função sintática de:
  - (   ) sujeito.
  - (   ) predicativo.
  - (   ) objeto direto.
  - (   ) objeto indireto.
  - (   ) complemento nominal.

d) No trecho "A Mona Lisa fora vista atravessando a fronteira para a Suíça", há uma oração reduzida. Cite essa oração e depois reescreva-a na forma desenvolvida.

_____

_____

_____

8. As orações subordinadas destacadas a seguir estão na forma reduzida. Escreva-as na forma desenvolvida.

   a) A professora disse **estar preocupada com a turma**.
   _____

   b) **Faltando apenas alguns minutos para o final do jogo**, nosso time ganhou.
   _____

   c) Gosto muito desse livro **indicado pela crítica**.
   _____

9. Observe a tira a seguir.

Antonio Cedraz. Disponível em: <http://www.tirasemquadrinhos.blogspot.com.br/>. Acesso em: 25 abr. 2017.

   a) Nas falas de Zé Pequeno, algumas palavras não foram grafadas de acordo com as regras ortográficas da Língua Portuguesa. Identifique-as.
   _____
   _____

   b) Preencha a tabela a seguir, incluindo as palavras que você citou na resposta do item anterior, de acordo com a explicação do processo que ocorreu em cada uma. Em seguida, reescreva-as respeitando as regras ortográficas.

Supressão do r final, que indica verbo no infinitivo.	_____
Substituição da vogal **e** por **i**.	_____
Substituição da vogal **o** por **u**.	_____
Supressão da vogal **o**.	_____
Supressão de uma das vogais de um ditongo.	_____
Supressão da letra **d** em verbo no gerúndio.	_____
Substituição da letra **l** por **r**.	_____

   c) Por que, mesmo não estando de acordo com a norma-padrão da ortografia, o emprego dessas palavras está adequado ao contexto da tira?
   _____
   _____
   _____

10. Observe, no quadro a seguir, a lista de palavras e note que algumas delas não estão corretamente acentuadas.

alibi	ibero	interim	municipe	condor
avaro	recorde	rubrica	exodo	ruim	sutil

- Agora, leia cada uma das afirmações a respeito da sílaba tônica dessas palavras e verifique quais dessas afirmações estão corretas em relação ao emprego da norma-padrão.

    I. As palavras proparoxítonas são *álibi*, *munícipe*, *ínterim* e *êxodo*.
    II. As palavras proparoxítonas são *álibi*, *munícipe* e *recorde*.
    III. As palavras paroxítonas são *avaro*, *ibero*, *recorde* e *rubrica*.
    IV. As palavras paroxítonas são *avaro*, *êxodo* e *rubrica*.
    V. As palavras oxítonas são *condor*, *ruim* e *sutil*.
    VI. As palavras oxítonas são *condor*, *avaro*, *ruim* e *sutil*.

    Estão corretas somente as afirmações:
    a) ( ) I e II.
    b) ( ) I, II e III.
    c) ( ) II e IV.
    d) ( ) I, III e V.
    e) ( ) apenas V.

11. É comum, em cartazes de estabelecimentos comerciais, encontrarmos palavras que não estão grafadas de acordo com as regras da ortografia, como ocorre nos cartazes abaixo. Identifique em cada um deles as palavras que não estão grafadas de acordo com as regras ortográficas. Em seguida, indique como essas palavras deveriam ser escritas.

I.

II.

_____
_____
_____
_____

Orações subordinadas substantivas

- As **orações subordinadas substantivas** são aquelas que desempenham, em relação a um termo da oração principal do período composto, as funções sintáticas que o **substantivo** desempenha em um período simples: **sujeito, objeto direto, objeto indireto, aposto, complemento nominal** e **predicativo**.

Tipos de oração subordinada substantiva

- A oração que exerce a função de sujeito do verbo da oração principal é chamada de **oração subordinada substantiva subjetiva**.
- A oração que exerce a função de objeto direto do verbo da oração principal é chamada de **oração subordinada substantiva objetiva direta**.
- A oração que exerce a função de objeto indireto do verbo da oração principal é chamada de **oração subordinada substantiva objetiva indireta**.
- A oração que exerce a função de complemento nominal de um termo da oração principal é chamada de **oração subordinada substantiva completiva nominal**.
- A oração que exerce a função de predicativo do sujeito de um termo da oração principal é chamada de **oração subordinada substantiva predicativa**.
- A oração que exerce a função de aposto de um termo da oração principal é chamada de **oração subordinada substantiva apositiva**.
- As orações subordinadas substantivas são geralmente introduzidas pelas **conjunções integrantes** *que* ou *se*.
- As orações subordinadas substantivas objetivas diretas podem também ser introduzidas por **pronomes interrogativos** e por **advérbios interrogativos** – *quem, qual, onde, quando, quanto, por que* e *como* –, exprimindo uma pergunta indireta.

Orações subordinadas substantivas reduzidas

- As orações subordinadas substantivas podem apresentar-se tanto na **forma desenvolvida** como na **forma reduzida**.
- Na forma reduzida, o verbo da oração subordinada fica no infinitivo ou no gerúndio e, em geral, a oração não apresenta conectivo.

Pontuação nas orações subordinadas substantivas

- As **orações subordinadas substantivas apositivas** são, em geral, separadas da oração principal por **dois-pontos, travessões, vírgulas** ou **parênteses**.
- Para as demais orações subordinadas substantivas, valem as mesmas regras de pontuação de um período simples. Por exemplo, **não se separa por nenhum sinal de pontuação** (vírgula, ponto e vírgula ou dois-pontos):
  - o sujeito de seu predicado;
  - o verbo transitivo de seus complementos (objeto direto ou indireto);
  - o verbo de ligação do predicativo do sujeito;
  - um substantivo, um adjetivo ou um advérbio de seu complemento.

▶ Praticando

1. Leia o trecho a seguir, que trata do bombardeio alemão à cidade de Guernica, na Espanha, durante a Guerra Civil Espanhola.

> Logo após a destruição de Guernica, George Steer, correspondente do jornal inglês *The Times*, notou **que o único alvo estratégico da cidade**, a ponte sobre o rio Mundaca, **ainda estava intacto**. Steer percebeu **que a prioridade dos nazistas não tinha sido causar danos militares**. "O objetivo do bombardeio parece ter sido desmoralizar a população civil e destruir o berço da raça basca", escreveu.
>
> Na época, o número de mortos divulgado passava de 1 600. Hoje em dia, é consenso **que o número foi bem menor**. [...]
>
> Mauro Tracco. Guernica, 80 anos: a estreia do terror aéreo. *Aventuras na História*. Disponível em: <http://aventurasnahistoria.uol.com.br/noticias/guerras/guernica-80-anos-a-estreia-do-terror-aereo.phtml#.WQcztGnyuUk>. Acesso em: 10 abr. 2019.

← Guernica, depois de uma série de bombardeios em 1937, durante a Guerra Civil Espanhola.

- Agora, identifique as alternativas verdadeiras (**V**) ou falsas (**F**) em relação ao trecho lido.

  a) (   ) A oração "que o único alvo estratégico da cidade [...] ainda estava intacto" completa o verbo *notou*, o qual compõe a oração principal do período em que foi empregado.

  b) (   ) A oração "que o único alvo estratégico da cidade [...] ainda estava intacto" é classificada como oração subordinada substantiva objetiva direta.

  c) (   ) Na oração "que o único alvo estratégico da cidade [...] ainda estava intacto", o *que* é uma conjunção integrante.

  d) (   ) A oração "que o número foi bem menor" é uma oração subordinada substantiva objetiva direta, pois complementa o verbo *é*.

  e) (   ) A oração "que o número foi bem menor" é uma oração subordinada substantiva subjetiva, pois desempenha a função de sujeito da oração principal.

  f) (   ) A oração "que a prioridade dos nazistas não tinha sido causar danos militares" é uma oração subordinada substantiva subjetiva, pois desempenha a função de sujeito do verbo da oração principal.

  g) (   ) A oração "que a prioridade dos nazistas não tinha sido causar danos militares" é uma oração subordinada substantiva objetiva direta, pois complementa o sentido do verbo *percebeu*.

2. O verbos conhecidos como "de elocução" são aqueles que anunciam ou precedem uma fala no texto. Entre eles estão: *falar*, *responder*, *perguntar*, *completar*, etc. Tais verbos exigem um complemento e, portanto, é comum que sejam completados por orações subordinadas substantivas objetivas diretas. Com essa explicação em mente, assinale a seguir o trecho que apresenta uma oração objetiva direta. Por fim, localize e circule o verbo de elocução da oração principal.

a) (   )

Darwin afirmou **que a espécie humana evoluiu**.

Disponível em: <http://aventurasnahistoria.uol.com.br/noticias/personagem/monstros-e-genios-as-10-pessoas-mais-influentes-da-historia.phtml#.WQc7qGkrKUk>. Acesso em: 11 abr. 2019.

b) (   )

O corpo "surta" quando o sistema imunológico começa a entender **que uma substância inofensiva representa perigo real**.

Disponível em: <http://mundoestranho.abril.com.br/saude/por-que-sentimos-alergias/>. Acesso em: 11 abr. 2019.

3. Um texto é considerado impessoal quando o foco não está no autor, em quem o escreve, e sim no próprio texto, ou seja, na informação ou opinião apresentada, que passa, por vezes, a ser tomada como uma verdade que não se discute. As orações subordinadas substantivas subjetivas são, muitas vezes, empregadas para tornar o discurso impessoal e, por isso, costumam estar presentes em textos de gêneros como a reportagem e o texto de divulgação científica. No quadro a seguir, veja alguns exemplos.

> É necessário **que você prepare um resumo para as provas do fim do ano.**
>
> É preciso **que os professores conversem com os alunos sobre as dúvidas em relação ao conteúdo.**

- Considerando as informações acima e também seu conhecimento acerca do assunto, analise os períodos a seguir e verifique qual deles **não** apresenta oração subordinada substantiva subjetiva.

a) (   )

Assim, é possível **que o consumidor procure os estabelecimentos que facilitam a troca para comprar os presentes de Natal**.

Disponível em: <http://www.em.com.br/app/noticia/economia/2015/12/28/internas_economia,720580/quando-tenho-o-direito-de-trocarum-produto-confira-as-dicas.shtml>. Acesso em: 18 out. 2018.

b) (   )

Para esse aprendizado, é essencial **dar uma boa orientação**. Não basta **treinar bastante**. É preciso **ensinar**.

Disponível em: <http://www1.folha.uol.com.br/fsp/esporte/fk0901200813.htm>. Acesso em: 11 abr. 2019.

c) (   )

Estudo comparou os rostos dos mocinhos e bandidos de Hollywood; dermatologistas dizem **que características reforçam preconceitos da sociedade**.

Disponível em: <http://super.abril.com.br/saude/6-dos-10-maiores-viloes-do-cinema-tem-doencas-de-pele/>. Acesso em: 11 abr. 2019.

- Dentre as alternativas acima, há uma que apresenta exemplos de oração subordinada substantiva reduzida. Identifique-a e justifique sua resposta.

_____

_____

4. Reescreva as orações a seguir, substituindo o trecho em destaque por orações subordinadas substantivas na forma desenvolvida, fazendo as adequações necessárias. Em seguida, classifique-as de acordo com a função sintática que exercem em relação à oração principal.

a) Miriam se opõe **à mudança do horário da reunião**.

_____

_____

b) Desejo **a melhoria das coisas neste ano**.

_____

_____

c) É necessária **a vitória do nosso time**.

_____

5. Leia os períodos abaixo com especial atenção para as orações em destaque.

I. Você tem a sensação **de que o tempo passa rápido demais**?

II. O que nós queremos é o seguinte: **que nosso time saia da segunda divisão**.

III. É preciso **que os alunos estudem mais para a prova**.

IV. O desejo de Carla era **que ela vencesse a maratona**.

V. Informamos **que o restaurante estará fechado no feriado**.

VI. Gostaria **de ganhar novos livros**.

• Assinale a alternativa que apresenta a classificação correta das orações subordinadas substantivas destacadas acima.

a) ( ) completiva nominal, subjetiva, apositiva, predicativa, objetiva indireta e objetiva direta.

b) ( ) completiva nominal, apositiva, subjetiva, predicativa, objetiva direta e objetiva indireta.

c) ( ) objetiva indireta, subjetiva, apositiva, predicativa, completiva nominal e objetiva direta.

d) ( ) objetiva indireta, objetiva direta, subjetiva, apositiva, predicativa e completiva nominal.

e) ( ) objetiva direta, subjetiva, apositiva, completiva nominal, predicativa e objetiva direta.

6. Observe o período a seguir, retirado da sinopse do livro *O pássaro de ferro*.

> Em outubro de 2008, os jornais noticiaram **a compra de um helicóptero blindado para a Polícia Civil do Rio de Janeiro**.

Disponível em: <http://www.travessa.com.br/o-passaro-de-ferro-uma-historia-dos-bastidores-da-seguranca-publica-do-rio-de-janeiro/artigo/dfba7e72-3933-41ff-ae35-f23b7ac6877b>. Acesso em: 11 abr. 2019.

• O trecho em destaque corresponde a um objeto direto, cujo núcleo é o substantivo *compra*, que completa o verbo *noticiar*. Reescreva esse período, substituindo o trecho destacado por uma oração substantiva com função de objeto direto.

_____

_____

_____

7. Leia o trecho a seguir, retirado de um artigo de curiosidade científica.

> **Leonardo da Vinci realmente escondeu códigos em seus quadros?**
>
> Sim, escondeu. E o fez, inclusive, em uma de suas obras mais famosas, *Mona Lisa*. A descoberta foi feita em 2010 pelo pesquisador italiano Silvano Vinceti, presidente da comissão nacional de patrimônio cultural da Itália. Ao analisar a pintura com a ajuda de um microscópio eletrônico, ele encontrou uma série de letras nas duas pupilas da moça retratada. Na direita, identificam-se claramente as letras "LV" (de Leonardo da Vinci). Na esquerda, algo parecido com "CE" ou "CB". O que elas significam? Não se sabe.
>
> **Vinceti acredita que as letras podem ser iniciais do nome da modelo**, o que derrubaria a tese de que a retratada era a florentina Lisa Gherardini. **O pesquisador está convencido de que a pintura não foi feita em Florença entre 1503 e 1506**, como se supõe, mas em Milão na década de 1490. A modelo, portanto, provavelmente seria uma mulher da corte de Ludovico Sforza, o duque local.
>
>
>
> Escultura representando → Leonardo da Vinci, em Milão, na Itália.

Tiago Cordeiro/Abril Comunicações S.A. Leonardo da Vinci realmente escondeu códigos em seus quadros? Revista *Superinteressante*, 14 set. 2015. Disponível em: <http://super.abril.com.br/historia/leonardo-da-vinci-realmente-escondeu-codigos-em-seus-quadros/>. Acesso em: 11 abr. 2019.

a) Observe os trechos a seguir, extraídos do texto acima.

I. "Vinceti acredita que as letras podem ser iniciais do nome da modelo [...]."

II. "O pesquisador está convencido de que a pintura não foi feita em Florença entre 1503 e 1506 [...]."

- Quantas orações há em cada trecho? Identifique-as.

_____
_____
_____
_____

b) No trecho **I**, identifique a oração principal e classifique a subordinada.

_____
_____
_____
_____

c) No trecho **II**, identifique a oração principal e classifique a subordinada.

_____
_____
_____
_____

8. Entre os exemplos a seguir, assinale o único que **não** apresenta uma oração subordinada substantiva apositiva.

   a) ( ) Faço uma exigência: que respeitem os prazos.
   b) ( ) Seu lema era este: que se viva o presente com alegria.
   c) ( ) Marcelo reiterou sua afirmação: que o país precisa de uma política agrícola.
   d) ( ) Um fato me preocupa, que se incentive o desmatamento.
   e) ( ) Os brasileiros, que são otimistas, acreditam no futuro da nação.

9. Leia um trecho extraído da biografia *Os caminhos de Mandela*, que narra a história de Nelson Mandela (1918-2013), importante líder político da luta contra o regime de segregação racial, chamado *apartheid*, na África do Sul.

   > Alguns chamam de cegueira, outros de ingenuidade, mas Mandela considera quase todo mundo virtuoso, até prova em contrário. Ele começa com a suposição **de que você está lidando com ele de boa-fé**. Acredita nisso – assim como fingir que ser corajoso pode levar a atos de coragem real –, julgando que o que há de bom nas outras pessoas melhora as chances **de que revelarão o melhor de si**.
   >
   > É extraordinário **que um homem** que foi maltratado a maior parte de sua vida **possa tanto ver o que há de bom nos outros**. [...]

   Richard Stengel. *Os caminhos de Mandela*: lições de vida, amor e coragem. Tradução de Douglas Kim. São Paulo: Globo, 2010. p. 119.

   ← Ex-presidente da África do Sul, Nelson Mandela, em Londres. Foto de 2006.

   - Analise as orações subordinadas substantivas em destaque no texto.

     I. A oração "de que você está lidando com ele de boa-fé" é subordinada substantiva completiva nominal.

     II. A oração "de que revelarão o melhor de si" é subordinada substantiva objetiva indireta.

     III. A oração "que um homem [...] possa tanto ver o que há de bom nos outros" é subordinada substantiva subjetiva.

     Agora, assinale a alternativa correta.

     a) ( ) I somente.
     b) ( ) II somente.
     c) ( ) III somente.
     d) ( ) I e II.
     e) ( ) I e III.

10. As orações subordinadas substantivas apositivas costumam ser separadas da oração principal por vírgula, dois-pontos ou travessão. Para as demais orações subordinadas substantivas, valem as mesmas regras de pontuação de um período simples. Considerando essas informações e também seu conhecimento sobre o assunto, analise os períodos a seguir, verificando quais deles foram pontuados corretamente.

I. Gostaria de lhe dizer algo importante: que eu a admiro muito.

II. O bandido sempre alegava a mesma coisa que não era culpado.

III. Necessita-se de que haja medidas mais eficazes, de prevenção contra a dengue por parte da população.

IV. Minha mãe deseja que eu seja aprovado no vestibular que eu passe no exame da Ordem e que eu seja um bom advogado.

- As orações substantivas estão corretamente pontuadas somente em:
    a) ( ) I.
    b) ( ) II.
    c) ( ) IV.
    d) ( ) I e II.
    e) ( ) I e III.

11. Pontue, quando necessário, as orações subordinadas substantivas.

a) A mãe fez um único pedido que os filhos fiquem sempre por perto.

b) Você não tem a impressão de que os professores andam bastante animados?

c) É necessário que você estude.

d) Não consigo aceitar uma coisa que chova no domingo.

12. Observe a pontuação empregada nos períodos a seguir.

I. O jogador queria mais gols, mais jogos, mais sucesso.

II. O jogador queria que marcassem mais gols, que houvesse mais jogos, que tivessem mais sucesso.

- Considerando os períodos apresentados, marque verdadeiro (**V**) ou falso (**F**) nas afirmações a seguir. Justifique o(s) item(ns) falso(s), se houver.

    a) ( ) Em **I**, há apenas uma oração e, em **II**, duas orações.

    b) ( ) Em **I**, "mais gols", "mais jogos" e "mais sucesso" são separados por vírgula porque são termos que apresentam a mesma função sintática.

    c) ( ) As orações "que marcassem mais gols", "que houvesse mais jogos" e "que tivessem mais sucesso" são orações subordinadas substantivas objetivas diretas.

    d) ( ) As regras de pontuação para o período simples (trecho **I**) são as mesmas para o período composto (trecho **II**).

13. Reescreva os períodos a seguir, pontuando-os corretamente ou eliminando pontuações incorretas.

a) Os cientistas solicitam que melhorem os equipamentos que invistam mais recursos que forneçam bolsas de estudo.

b) O que mais queremos é isto que vocês nos ajudem com os trabalhos escolares.

c) É necessário, que você apresente seu trabalho na semana que vem.

d) Consideramos, que o resultado da prova não foi satisfatório.

e) É válido, considerar todas as possibilidades.

f) A criança fez um pedido aos pais que fossem viajar nas férias.

g) A esperança era, que ele terminasse a leitura do livro hoje.

h) É inevitável, que eles amadureçam antes da formatura.

Pronomes relativos

- Quando um pronome conecta duas orações e, ao mesmo tempo, substitui um termo da oração anterior, ele é classificado como **pronome relativo**.
- *Onde*, *que*, *quem*, *cujo* e *o(a) qual* são exemplos de pronomes relativos.
- O pronome *onde* deve ser empregado apenas para substituir palavras relativas a lugares.
- Para indicar uma relação de posse por meio de um pronome relativo, emprega-se *cujo* ou suas flexões em número e gênero. O pronome *cujo* concorda em gênero e número com a coisa possuída e não deve ser seguido de artigo.
- Quando o termo *que* puder ser substituído por *o qual*, *os quais* ou *a qual*, *as quais*, ele desempenhará o papel de pronome relativo.
- O pronome relativo *que* é o mais empregado, pois, além de ser mais sintético que o pronome *o qual*, pode referir-se a pessoa, coisa ou lugar. Porém, de acordo com a gramática normativa, o *que* não pode ser antecedido por preposições que tenham mais de uma sílaba, como *contra*, *entre* e *para*. Com essas preposições, substitui-se o *que* por *o qual*.
- É possível a **combinação** ou a **contração** da preposição que acompanha o pronome relativo, dependendo do verbo com o qual se relaciona. Por exemplo: Este é o resultado *ao qual* você se refere, *do qual* você reclama, *no qual* você acredita e *pelo qual* você luta.

Orações subordinadas adjetivas

- As orações subordinadas adjetivas equivalem a um adjetivo e desempenham a função sintática que é própria do **adjunto adnominal**. Elas são introduzidas por pronomes relativos: *que*, *quem*, *o qual*, *cujo*, *onde*, etc.
- Quando a oração subordinada amplia o sentido de um termo antecedente, esclarecendo-o, é chamada de **oração subordinada adjetiva explicativa**. Ela vem sempre separada da oração principal por vírgula, travessão ou parênteses.
- Quando a oração subordinada particulariza um antecedente, delimitando-o, é denominada **oração subordinada adjetiva restritiva**. Ela não se separa da oração principal por um sinal de pontuação.

Uso de este, esse e *aquele*

- Os **pronomes demonstrativos** *este*, *esse* e *aquele*, que normalmente são utilizados para situar os seres, os fatos e as informações no espaço e no tempo, também podem criar **referências no interior do texto** – oral ou escrito.
- *Este* indica uma informação que será dada (exemplo: Separe *estes* ingredientes: água e sal) ou, entre informações dadas, a citada por último (exemplo: Detesto chá e café. *Este* é amargo demais).
- *Esse* indica uma informação que foi dada. Por exemplo: Os italianos comiam macarrão com especiarias; na China, *esse* alimento era servido em uma sopa.
- *Aquele* indica a informação que foi citada em primeiro lugar em relação a um par de informações dadas, e é seguido por *este*. Por exemplo: Pão e macarrão levam praticamente os mesmos ingredientes. *Aquele* fermenta, *este* não.

▶ Praticando

1. Leia a notícia a seguir e, depois, faça o que se pede.

> **Filha de Olga Benario narra morte da mãe a partir de arquivo da <u>Gestapo</u>**
>
> "A descoberta de novos documentos é sempre um acontecimento feliz para o historiador, pois lhe permite completar, aprofundar e corrigir os conhecimentos sobre o tema por ele pesquisado."
>
> A frase com que a historiadora Anita Leocadia Prestes, 80, abre sua obra mais recente define o critério de objetividade com que ela procura se debruçar sobre um tema histórico que lhe é profundamente pessoal: o assassinato de sua mãe, Olga Benario Prestes, pelo regime nazista.
>
> Os documentos a que ela se refere vieram dos arquivos da Gestapo, a polícia secreta do <u>Terceiro Reich</u> alemão, e dizem respeito aos quase seis anos (1936-1942) em que Olga ficou sob o poder dos nazistas, até ser executada em uma câmara de gás, aos 34 anos.
>
> Apreendidos pelos soviéticos após o fim da Segunda Guerra e disponibilizados *on-line* em abril de 2015, foram a base para que a autora escrevesse a recém-lançada biografia "Olga Benario Prestes – Uma Comunista nos Arquivos da Gestapo".
>
> "Ainda em 2015 fui avisada por um historiador alemão, meu conhecido, da abertura do arquivo da Gestapo na internet", diz a autora à Folha, por *e-mail*. "Como a maior parte dos documentos está em alemão, contei com a colaboração de vários professores para a sua tradução, cujo conhecimento me motivou a escrever esse livro."
>
> A vida da judia comunista entregue ao regime de Hitler pelo governo de Getúlio Vargas já havia sido tema de uma alentada biografia escrita por Fernando Morais e lançada em 1993 – depois adaptada para o cinema, em 2004.
>
> [...]

Marco Aurélio Canônico. Filha de Olga Benario narra morte da mãe a partir de arquivo da Gestapo. *Folha de S.Paulo*, 30 maio 2017. Disponível em: <http://www1.folha.uol.com.br/ilustrada/2017/05/1888523-filha-de-olga-benario-narra-morte-da-mae-a-partir-de-arquivo-da-gestapo.shtml>. Acesso em: 12 abr. 2019.

> <u>Gestapo:</u> polícia secreta que atuava na Alemanha nazista.
>
> <u>Terceiro Reich:</u> refere-se ao período em que a Alemanha esteve sob o domínio do nazismo.

- Observe o trecho abaixo, extraído do texto.

> "Como a maior parte dos documentos está em alemão, contei com a colaboração de vários professores para a sua tradução, **cujo** conhecimento me motivou a escrever esse livro."

Sobre o emprego do pronome *cujo*, marque verdadeiro (**V**) ou falso (**F**).

a) (   ) O pronome *cujo* estabelece relação de posse e concorda em gênero e número com a palavra *conhecimento*, a qual indica o elemento possuído pelos professores.

b) (   ) O pronome *cujo* estabelece vínculo entre duas orações de modo a indicar uma relação de posse entre as palavras *conhecimento* e *livro*.

c) (   ) O pronome *cujo* foi empregado para estabelecer relação entre duas orações, sem indicar relação de posse.

d) (   ) A oração "cujo conhecimento me motivou a escrever esse livro" é classificada como oração subordinada substantiva.

e) (   ) A oração "cujo conhecimento me motivou a escrever esse livro" é classificada como oração subordinada adjetiva.

CONHECIMENTOS LINGUÍSTICOS

23

2. Agora, observe este trecho, retirado do texto da atividade anterior.

> A frase com **que** a historiadora Anita Leocadia Prestes, 80, abre sua obra mais recente define o critério de objetividade com **que** ela procura se debruçar sobre um tema histórico **que** lhe é profundamente pessoal: o assassinato de sua mãe, Olga Benario Prestes, pelo regime nazista.

a) Que palavra ou expressão cada pronome relativo destacado acima retoma? Preencha o quadro a seguir indicando a resposta para cada caso.

PRONOME RELATIVO	PALAVRA OU EXPRESSÃO RETOMADA
Primeiro *que*	
Segundo *que*	
Terceiro *que*	

b) Sobre o emprego dos pronomes relativos em destaque no trecho, leia com atenção os itens a seguir.

   I. Todos os pronomes em destaque são regidos por preposição, pois os complementos dos respectivos verbos também exigem preposição.

   II. A primeira oração poderia ser reescrita dessa forma: "A historiadora Anita Leocadia Prestes, 80, abre sua obra mais recente com a frase".

   III. O primeiro pronome *que* poderia ser substituído por *a qual* sem prejuízo de sentido ao texto.

   IV. O segundo pronome *que* poderia ser substituído por *o qual* sem prejuízo de sentido ao texto.

   V. O terceiro pronome *que* poderia ser substituído por *o qual* sem prejuízo de sentido ao texto.

- Estão corretas somente as afirmativas:

( ) I e II.   ( ) II, IV e V.   ( ) II, III, IV e V.

( ) III e V.   ( ) I, III e V.

3. Releia outro trecho do mesmo texto.

> Os documentos a **que** ela se refere vieram dos arquivos da Gestapo, a polícia secreta do Terceiro Reich alemão, e dizem respeito aos quase seis anos (1936-1942) em **que** Olga ficou sob o poder dos nazistas, até ser executada em uma câmara de gás, aos 34 anos.

a) Explique o emprego da preposição *a* antes do primeiro pronome relativo em destaque no trecho.

_____

_____

b) Reescreva o trecho "e dizem respeito aos quase seis anos (1936-1942) em **que** Olga ficou sob o poder dos nazistas" substituindo o pronome *que* por *o qual* e fazendo os ajustes necessários.

_____

_____

4. Das alternativas abaixo, assinale aquela que está de acordo com a norma-padrão. Em seguida, reescreva as demais alternativas empregando corretamente os pronomes relativos e verificando se devem ou não vir antecedidos por preposição.

a) (   ) Camila é a irmã que mais gosto.

b) (   ) João é o amigo que mais confio.

c) (   ) O filme a que me refiro é *Os intocáveis*.

d) (   ) O escritor de cujo livro foi premiado faleceu ontem.

e) (   ) Estamos em uma época onde as informações se disseminam em velocidade impressionante.

_____

_____

_____

_____

_____

_____

_____

5. Assinale a alternativa em que a palavra *onde* funciona como pronome relativo.

a) (   ) Onde você estava ontem?

b) (   ) O taxista deixou-me onde eu pedi.

c) (   ) José me perguntou onde estamos.

d) (   ) Esta é a escola onde nós estudamos.

e) (   ) Não sei onde fazer minha inscrição para o concurso.

6. Os itens a seguir apresentam dois períodos, cada um formado por uma oração. Transforme esses dois períodos em um único, utilizando o pronome relativo adequado para conectar as duas orações. Se necessário, faça outras modificações.

a) O artista morreu ontem. Eu apreciava muito a obra do artista.

_____

_____

b) O estádio da cidade será reformado em 2025. As pessoas atingidas pela enchente estão neste estádio.

_____

_____

c) Meu irmão comprou um restaurante. O restaurante fica na Av. Brasil.

_____

_____

d) Essas são as informações. Marcos precisa dessas informações.

_____

_____

7. Leia a notícia a seguir sobre uma nova heroína das histórias em quadrinhos.

> ## Marvel lança quadrinhos com nova heroína inspirada no Chapolin Colorado
>
> A Marvel Comics está lançando um novo volume da sua série Champions, e uma nova personagem vem chamando bastante a atenção. É a heroína Red Locust, **que** parece bem familiar.
>
> Criada pelo cartunista mexicano Humberto Ramos em parceria com Mark Waid, a personagem é uma homenagem ao Chapolin Colorado, clássica criação do ator mexicano Roberto Bolaños.
>
> Fernanda Ramírez, a personagem, tem semelhanças com o Chapolin tanto no seu uniforme vermelho e amarelo quanto no nome. Em português, Red Locust significa algo como "gafanhoto vermelho", praticamente o mesmo significado de Chapolin Colorado, **que** faz referência a uma espécie de gafanhoto comum no México.
>
> Em entrevista ao *site* mexicano *Cronica*, há poucas semanas, Ramos afirmou que só seguiu com a ideia após falar com a filha de Roberto Bolaños. "Nós consultamos a Marvel e então falamos com Paulina Gómez Fernández", explicou. "Quero que fique claro que esta é uma homenagem à maestria de Chespirito, uma manifestação de amor ao México."
>
> [...]

Marvel lança quadrinhos com nova heroína inspirada no Chapolin Colorado. *O Estado de S. Paulo*, 8 jun. 2017. Disponível em: <http://cultura.estadao.com.br/blogs/radar-cultural/marvel-lanca-quadrinhos-com-nova-heroina-inspirada-no-chapolin-colorado-veja-imagens/>. Acesso em: 13 abr. 2019.

- Agora, releia os trechos da notícia nos quais os pronomes relativos estão destacados. Em seguida, marque verdadeiro (**V**) ou falso (**F**) para as afirmações sobre os trechos lidos.

   a) (   ) No trecho **I**, o pronome relativo *que* substitui a expressão "a heroína Red Locust", da oração anterior.

   b) (   ) No trecho **I**, o *que* é um pronome relativo e introduz uma oração subordinada adjetiva.

   c) (   ) No trecho **I**, o *que* é uma conjunção subordinativa integrante e introduz uma oração subordinada substantiva.

   d) (   ) No trecho **II**, o pronome relativo *que* conecta duas orações e substitui a expressão "Chapolin Colorado".

   e) (   ) No trecho **II**, o pronome relativo *que* introduz uma oração subordinada adjetiva.

   f) (   ) No trecho **II**, a conjunção subordinativa integrante *que* introduz uma oração subordinada substantiva.

8. Assinale a alternativa na qual o emprego do pronome relativo *cujo* está correto. Em seguida, reescreva as demais alternativas empregando o pronome corretamente.

   a) (   ) O grupo cujo o resultado foi o melhor terá financiamento.

   b) (   ) Lívia é a aluna cujas ideias todos concordam.

   c) (   ) Esta é a professora cujos trabalhos fizemos elogios.

   d) (   ) Aquele é o professor de cuja aula todos participam.

   e) (   ) Paola é a aluna cuja a inteligência todos admiram.

_____

_____

_____

9. Leia a notícia a seguir.

> ## A PhD catadora de lixo **que revolucionou coleta** e inspirou reciclagem no Líbano
>
> O acúmulo de lixo e a falta de aterros sanitários são um sério problema no país. Durante nove meses em 2015 e 2016, pilhas de lixo foram espalhadas pelas ruas da capital, Beirute, e até hoje a solução tem sido jogar parte do lixo no mar.
>
> **Zeinab Mokalled provou que**, quando o governo falha, **iniciativas locais no estilo "faça você mesmo" podem funcionar**.
>
> "Havia sujeira por todo canto e as crianças estavam imundas", diz Zeinab Mokalled.
>
> Ela está relembrando os anos 1980 e 1990, quando Israel ocupou parte do sul do país, por 15 anos, e o recolhimento de resíduos foi interrompido em sua cidade, Arabsalim.
>
> Com o passar dos anos, o lixo foi se acumulando e Mokalled foi pedir ajuda ao governador da região.
>
> "Por que você se importa? Não somos Paris", respondeu ele.
>
> **"Eu soube naquele dia que eu tinha que fazer algo eu mesma"**.
>
> Mokalled chamou as mulheres de seu vilarejo para ajudar – em parte porque queria empoderá-las e também porque acreditava que elas fariam um trabalho melhor.
>
> [...]

Disponível em: <http://www1.folha.uol.com.br/empreendedorsocial/2017/06/1891286-de-doutora-a-catadora-a-mulher-de-81-anos-que-revolucionou-coleta-de-lixo-em-regiao-do-libano.shtml>. Acesso em: 14 abr. 2019

- Agora, observe com atenção os trechos destacados na notícia. Em seguida, analise os itens abaixo, que se relacionam a esses trechos e ao emprego do pronome relativo e da conjunção subordinativa integrante.

   I. As orações adjetivas são introduzidas por pronomes relativos, como, por exemplo, a oração "que revolucionou coleta", que é iniciada pelo pronome relativo *que*.

   II. Na oração "que revolucionou coleta", o pronome relativo *que* retoma a expressão "A PhD catadora de lixo".

   III. Na oração "que revolucionou coleta", há uma conjunção subordinativa integrante.

   IV. No período "Eu soube naquele dia que eu tinha que fazer algo eu mesma", não há pronomes relativos, apenas conjunções subordinativas integrantes.

   V. No trecho "Zeinab Mokalled provou que [...] iniciativas locais no estilo 'faça você mesmo' podem funcionar", *o que* é classificado como conjunção subordinativa integrante.

   VI. No trecho "Zeinab Mokalled provou que [...] iniciativas locais no estilo 'faça você mesmo' podem funcionar", a conjunção *que* introduz uma oração subordinada substantiva objetiva direta.

Estão corretas somente as afirmativas:

a) (   ) I e II.

b) (   ) III, V e VI.

c) (   ) II e IV.

d) (   ) I, III e V.

e) (   ) I, II, IV, V e VI.

10. Na escrita, as orações subordinadas adjetivas explicativa e restritiva diferenciam-se pela presença ou não de vírgula. Pensando nisso, explique a diferença de sentido existente nos períodos a seguir.

I. Estado ameaça realizar descontos na folha de pagamento dos professores que estão em greve.

II. Estado ameaça realizar descontos na folha de pagamento dos professores, que estão em greve.

_____

_____

_____

_____

_____

_____

_____

11. Observe as orações a seguir e classifique-as em subordinada adjetiva restritiva (**R**) ou subordinada adjetiva explicativa (**E**).

a) (   ) Mandei um *e-mail* para meu irmão que mora em Fortaleza.

b) (   ) Mandei um *e-mail* para meu irmão, que mora em Fortaleza.

c) (   ) O artista que fez *show* no sábado está doente.

d) (   ) O artista, que fez *show* no sábado, está doente.

e) (   ) Os alunos, que ganharam o campeonato, serão homenageados na escola.

f) (   ) Os alunos que ganharam o campeonato serão homenageados na escola.

12. Leia o texto a seguir.

> **Estresse faz você agir como criança**
>
> Reunião, faculdade, relatório, problemas sociais... AH! Dá vontade de chorar, jogar a mesa para o alto, ofender o mundo todo e sair correndo. Pois é, o estresse tem dessas: faz você se comportar como uma criança.
>
> Pesquisadores britânicos convidaram 200 pessoas para confirmar essa hipótese. Todos tiveram de tomar decisões que avaliavam a agilidade mental deles. Segundo a pesquisa, nenhum dos problemas criados era muito diferente daqueles encarados na vida real, na rotina do escritório ou na faculdade. Só que houve uma diferença: metade dos participantes passou antes por tarefas estressantes.
>
> Ao fim dos testes, a equipe percebeu que os estressados haviam levado a pior. Muitas vezes deixavam a razão de lado e reagiam emocionalmente. "Quando estamos estressados, nosso foco e atenção se estreitam. Se associados com fortes emoções, tendemos a agir menos racionalmente", explica David Lewis, um dos autores da pesquisa. "E isso pode ser comparado a uma criança pequena, que responde emocionalmente às situações frustrantes ou estressantes", completa.
>
> Ou seja, o estresse pode fazer de você um bebê chorão. Isso já aconteceu com você também?

Carol Castro/Abril Comunicações S.A. Estresse faz você agir como criança. Revista *Superinteressante*, 22 jan. 2015. Disponível em: <http://super.abril.com.br/blog/cienciamaluca/estresse-faz-voce-agir-como-crianca/>. Acesso em: 13 abr. 2019

- Agora, assinale a alternativa que apresenta em destaque uma oração subordinada adjetiva restritiva.

    a) (   ) "Pois é, o estresse tem dessas: faz você se comportar **como uma criança**."
    b) (   ) "Todos tiveram de tomar decisões **que avaliavam a agilidade mental deles**."
    c) (   ) "**Só que houve uma diferença**: metade dos participantes passou antes por tarefas estressantes."
    d) (   ) "Ao fim dos testes, a equipe percebeu **que os estressados haviam levado a pior**."
    e) (   ) "**Quando estamos estressados**, nosso foco e atenção se estreitam."

13. Leia a tira a seguir.

Charles M. Schulz. *Snoopy*: sempre alerta! Porto Alegre, L&PM: 2013. v. 10. p. 80.

a) No primeiro quadrinho, Charlie Brown emprega um pronome demonstrativo para se referir ao coração que está segurando. Que pronome é esse?
_____

b) No segundo quadrinho, Charlie Brown emprega o pronome *isso*. A que esse pronome se refere?
_____
_____

c) O emprego do pronome *isso*, no segundo quadrinho, pode ser considerado correto, de acordo com a norma-padrão? Explique sua resposta.
_____
_____
_____

14. Complete as lacunas abaixo com o pronome demonstrativo mais adequado ao contexto das orações.

    a) _____ relógio que está no meu bolso é do meu irmão. (esse/este)
    b) _____ ano que passou foi produtivo. (esse/este)
    c) Comprei _____ materiais: lápis, canetas e borrachas. (esses/estes)

15. Assinale a alternativa na qual o emprego dos pronomes demonstrativos está **incorreto**.

    a) (   ) A única verdade é *esta*: ele foi o responsável pelo acidente.
    b) (   ) Apesar de ter sido o responsável pelo fim da guerra, ele nunca reconheceu publicamente *esse* fato.
    c) (   ) Nosso chefe aumentou o salário de todos os funcionários da empresa. Um incentivo *deste* é importante para o rendimento de toda a equipe.

Orações subordinadas adverbiais

- A **oração subordinada adverbial** tem valor de **advérbio** e desempenha a função sintática de **adjunto adverbial** da oração principal.
- A oração subordinada adverbial é introduzida por **conjunção** ou **locução conjuntiva subordinativa**, que a liga à oração principal.

Tipos de oração subordinada adverbial

- A **oração subordinada adverbial temporal** exprime o momento em que ocorre a ação indicada no verbo da oração principal ou a frequência com que ocorre.
- A **oração subordinada adverbial causal** expressa a causa daquilo que se afirma na oração principal.
- A **oração subordinada adverbial consecutiva** indica a consequência daquilo que se afirma na oração principal.
- A **oração subordinada adverbial condicional** exprime a condição necessária para que se realize o que é dito na oração principal ou em que hipótese ocorre o que está na oração principal.
- A **oração subordinada adverbial concessiva** indica um fato que poderia impedir a realização do que é expresso na oração principal ou que poderia invalidar a informação presente nela, mas que não o faz.
- A **oração subordinada adverbial proporcional** exprime em que proporção ou gradação ocorre o que é declarado na oração principal.
- A **oração subordinada adverbial conformativa** expressa uma ideia que está em conformidade (de acordo) com o que é declarado na oração principal.
- A **oração subordinada adverbial comparativa** expressa um fato que é comparado com aquele apresentado na oração principal.
- A **oração subordinada adverbial final** exprime a finalidade daquilo que se declara na oração principal.

Orações subordinadas adverbiais reduzidas

- A **oração subordinada adverbial reduzida** não é introduzida por conjunção ou locução conjuntiva (embora possa ser introduzida por preposição ou locução prepositiva em alguns casos). Na oração adverbial reduzida, o verbo apresenta-se em uma das **formas nominais**: infinitivo, gerúndio ou particípio.

Pontuação nas orações subordinadas adverbiais

- A **pontuação** das orações adverbiais no **período composto** segue os mesmos princípios da pontuação do adjunto adverbial no **período simples**, com a diferença de que a inversão de uma oração deve ser **sempre** marcada por vírgula(s):
  - Quando **inicia período**, é destacada por vírgula.
  - Quando aparece no **meio do período**, vem separada por vírgulas.
  - Quando está no **final do período** – sua posição na ordem direta –, normalmente não é separada por vírgula.

▶ Praticando

1. Leia a tira a seguir.

Bill Watterson. *Calvin e Haroldo*: e foi assim que tudo começou. 2. ed. São Paulo: Conrad, 2010. p. 6.

a) No último quadrinho, por que Haroldo afirma que não aguenta mais comer?

___

b) Agora, escreva abaixo a soma das afirmações que estão corretas.

(02) No primeiro quadrinho, a oração "quando pegar um tigre" exprime o momento em que ocorrerá a ação indicada pelo verbo na oração "o que eu faço".

(04) No primeiro quadrinho, a oração "quando pegar um tigre" é classificada como oração subordinada adverbial temporal.

(06) No primeiro quadrinho, a oração "quando pegar um tigre" é classificada como oração principal.

(08) No segundo quadrinho, a oração "se ele estiver com fome" exprime em que condição o tigre pegaria o Calvin.

(16) No segundo quadrinho, a oração "se ele estiver com fome" é classificada como oração subordinada adverbial condicional.

___

2. Considerando o que foi estudado sobre o assunto, classifique as orações subordinadas adverbiais e as orações principais dos períodos a seguir.

a) Os vereadores em campanha prometeram mais reformas assim que forem eleitos.

___

b) O sinal toca para que todos entrem nas salas.

___

3. Leia a seguir o trecho de uma reportagem.

> ### Como a linguagem modela o pensamento
>
> Estou diante de uma menina de 5 anos em pormpuraaw, uma pequena comunidade aborígene na borda oeste do Cabo York, no norte da Austrália. **Quando peço para ela** me mostrar o norte, ela aponta com precisão e sem hesitação. A bússola confirma que ela está certa. Mais tarde, de volta a uma sala de conferências na Stanford University, faço o mesmo pedido a um público de ilustres acadêmicos, ganhadores de medalhas de ciência e prêmios de gênios. Peço-lhes para fechar os olhos (para que não nos enganem) e apontem o norte. Muitos se recusam **por não saberem a resposta**. Aqueles que fazem questão de se demorar um pouco para refletir sobre o assunto, em seguida apontam em todas as direções possíveis. Venho repetindo esse exercício em Harvard e Princeton e em Moscou, Londres e Pequim, sempre com os mesmos resultados.
>
> Uma criança de 5 anos de idade em uma cultura pode fazer algo com facilidade que cientistas eminentes de outras culturas lutam para conseguir. O que poderia explicar isso? Parece que a resposta surpreendente é a linguagem.
>
> [...]

Lera Boroditsky. Como a linguagem modela o pensamento. *Scientific American Brasil*.
Disponível em: <http://www2.uol.com.br/sciam/reportagens/como_a_linguagem_modela_o_pensamento.html>.
Acesso em: 15 abr. 2019.

a) Assinale a alternativa que apresenta a classificação correta da oração "Quando peço para ela", em destaque no texto.

( ) Oração subordinada adverbial causal.

( ) Oração subordinada adverbial temporal.

( ) Oração subordinada adverbial final.

( ) Oração subordinada adverbial concessiva.

( ) Oração subordinada adverbial comparativa.

( ) Oração subordinada adverbial conformativa.

( ) Oração subordinada adverbial proporcional.

b) Em qual das alternativas a seguir a oração em destaque tem a mesma função sintática da oração "Quando peço para ela" no texto?

( ) **À medida que os alunos estudam**, eles ficam mais seguros.

( ) **Assim que sair**, passarei na sua casa.

( ) **Conforme apontam os estudos**, o aquecimento está mais forte a cada ano.

( ) **Se você estudar**, há grandes chances de passar no vestibular.

4. Considerando as orações subordinadas adverbiais, examine a frase a seguir, proferida pelo filósofo Cícero e, depois, classifique em verdadeira (**V**) ou falsa (**F**) cada uma das afirmações propostas.

> Por mais que eu tente, por mais que eu queira, por mais que eu me dedique, nunca irei conseguir agradar a todos.

a) ( ) As orações "Por mais que eu tente, por mais que eu queira, por mais que eu me dedique" expressam ideia de concessão.

b) ( ) Construções introduzidas pela expressão "por mais que", como as utilizadas na frase em questão, costumam ser empregadas de forma anteposta, ou seja, antes da oração principal.

c) ( ) Com a repetição da expressão "por mais que", o autor confere maior teor enfático e persuasivo à sua frase e, consequentemente, à sua ideia.

5. Leia o trecho a seguir, extraído das histórias de Sherlock Holmes, de Arthur Conan Doyle (1859-1930). Ele é narrado pelo Dr. Watson, companheiro de investigações do detetive Sherlock Holmes.

> Encontramo-nos no dia seguinte, conforme o combinado, e inspecionamos os aposentos da Baker Street, 221 b, sobre os quais havíamos falado na véspera. Eram dois dormitórios confortáveis e uma sala de estar espaçosa e arejada, mobiliada com jovialidade e iluminada por duas amplas janelas. O conjunto era atraente em todos os aspectos, e o preço tão módico, se dividido entre nós, que acertamos tudo ali mesmo e tomamos posse de nossos domínios.
>
> Na mesma tarde retirei meus pertences do hotel e Sherlock Holmes chegou na manhã seguinte, com várias caixas e maletas. Durante um ou dois dias ficamos em franca atividade, tirando nossas coisas das malas e arrumando-as da melhor maneira possível. Feito isso, aos poucos começamos a nos adaptar ao nosso novo ambiente.
>
> A convivência com Holmes não foi nem um pouco difícil. Ele tinha maneiras tranquilas e hábitos regulares. Era raro vê-lo de pé após as dez horas da noite, e **quando eu me levantava de manhã**, ele invariavelmente já tomara o *breakfast* e saíra. Às vezes, passava o dia no laboratório de química, outras vezes nas salas de dissecação e, de vez em quando, fazia longas caminhadas, que pareciam conduzi-lo às zonas mais baixas da cidade. Nada parecia superá-lo em energia **quando era dominado por um acesso de atividade**; mas volta e meia era acometido por uma reação e permanecia durante dias a fio no sofá da sala de estar, mal proferindo uma palavra ou movendo um músculo, da manhã à noite. [...]
>
> **À medida que as semanas passavam**, meu interesse por ele e a curiosidade a respeito de seus objetivos na vida aumentaram e aprofundaram-se aos poucos. Ele próprio e sua aparência chamavam a atenção do observador mais desatento. [...]

Arthur Conan Doyle. *Sherlock Holmes*: obra completa. Tradução de Louisa Ibãnez, Branca Villa-Flor e Edna Jansen de Mello. Rio de Janeiro: HarperCollins Brasil, 2016. p. 19-20.

↑ Atualmente, na Baker Street, 221B, em Londres, localiza-se o Museu Sherlock Holmes. Foto de 2012.

a) O que o Dr. Watson, narrador-personagem, destaca nesse trecho?

_____

_____

b) Observe as orações em destaque no texto e assinale as alternativas **incorretas**.

( ) A oração "quando eu me levantava de manhã" exprime uma ideia de causa e por isso é classificada como oração subordinada substantiva adverbial causal.

( ) As orações "quando eu me levantava de manhã" e "quando era dominado por um acesso de atividade" expressam relação de tempo e por isso são classificadas como orações subordinadas adverbiais temporais.

( ) A oração "À medida que as semanas passavam" exprime uma ideia de proporção ou gradação em relação à oração principal ("meu interesse por ele e a curiosidade a respeito de seus objetivos na vida aumentaram").

( ) A oração "à medida que as semanas passavam" é uma subordinada adverbial temporal.

6. A conjunção *como* pode assumir valores diferentes, de acordo com o contexto. Em orações adverbiais, por exemplo, pode introduzir orações causais, comparativas e conformativas. Guiando-se por essas informações e por seu conhecimento, associe essas classificações com os exemplos a seguir.

I. Causal. II. Comparativa. III. Conformativa.

a) ( )

A extinta Rodésia é o atual Zimbábue, e não o antigo Zimbábue, **como** afirmou o texto 'Governadora da Carolina do Sul defende a retirada de bandeira escravagista'.

Folha de S.Paulo, jun. 2015. Disponível em: <http://www1.folha.uol.com.br/mundo/2015/06/1646607-erramos-governadora-da-carolina-do-sul-defende-retirada-de-bandeira-escravagista.shtml>. Acesso em: 15 abr. 2019.

b) ( )

A proposta inclui nova incidência de impostos e reforma na Previdência, **como** queriam os credores.

Folha de S.Paulo, 23 jun. 2015. Disponível em: <http://www1.folha.uol.com.br/mercado/2015/06/1646606-bolsa-brasileira-sobe-com-otimismo-sobre-possivel-acordo-na-grecia.shtml>. Acesso em: 15 abr. 2019.

c) ( )

Como o Hamas funciona mais em termos políticos e pragmáticos e não defende a criação de um califado em todo o Oriente Médio, torna-se um inimigo natural (do Estado Islâmico).

Diário do Nordeste, 23 jun. 2015. Disponível em: <http://diariodonordeste.verdesmares.com.br/mobile/cadernos/internacional/online/israel-e-hamas-podem-se-unir-contra-o-estado-islamico-1.1322508>. Acesso em: 15 abr. 2019.

d) ( )

As informações ligadas aos cuidados com a saúde chegam hoje à população de maneira dinâmica, tal **como** ocorre com a alimentação e a nutrição.

Folha de Pernambuco, 6 abr. 2019. Disponível em: <https://www.folhape.com.br/diversao/diversao/vida-saudavel/2019/04/06/NWS,101128,71,516,DIVERSAO,2330-DIA-SAUDE-NUTRICAO.aspx>. Acesso em: 15 abr. 2019.

7. Crie períodos em que haja exemplos de orações subordinadas adverbiais.

a) Oração subordinada adverbial causal:

_____

b) Oração subordinada adverbial comparativa:

_____

c) Oração subordinada adverbial conformativa:

_____

8. Classifique as orações subordinadas adverbiais em destaque.

I. Oração subordinada adverbial temporal.

II. Oração subordinada adverbial proporcional.

III. Oração subordinada adverbial conformativa.

IV. Oração subordinada adverbial consecutiva.

V. Oração subordinada adverbial concessiva.

a) (   )

Dragon's breath: a nova pimenta é tão forte **que é capaz de anestesiar**

GreenMe. Disponível em: <https://www.greenme.com.br/viver/saude-e-bem-estar/
5427-dragon-s-breath-a-nova-pimenta>. Acesso em: 15 abr. 2019.

b) (   )

Cães e lobos ficam tristes **quando são tratados injustamente**

Revista *Veja*, 9 jun. 2017. Disponível em: <http://veja.abril.com.br/ciencia/caes-e-lobos-ficam-tristes-
quando-sao-tratados-injustamente/>. Acesso em: 15 abr. 2019.

c) (   )

Mesmo que chova na média no período da seca, o volume não será suficiente para repor a queda dos reservatórios.

R7 Notícias, 5 jun. 2017. Disponível em: <http://noticias.r7.com/distrito-federal/distrito-federal-pode-ficar-
totalmente-sem-agua-ate-o-fim-do-ano-diz-especialista-05062017>. Acesso em: 15 abr. 2019.

d) (   )

A tensão sobre a guarnição de At-Tanaf, onde os comandos americanos e britânicos treinam as forças locais que lutam contra o grupo Estado Islâmico, aumenta **à medida que as tropas pró-Assad tentam expandir sua influência**.

Revista *IstoÉ*, 9 jun. 2017. Disponível em: <http://istoe.com.br/russia-foi-muito-util-
no-sul-da-siria-diz-pentagono/>. Acesso em: 15 abr. 2019.

e) (   )

A segunda grande entrada de massa de ar frio a Santa Catarina vai trazer geada e até chance de temperaturas negativas para o Oeste e para a região de Concórdia, **conforme apontam as previsões meteorológicas**.

Rádio Rural, 9 jun. 2017. Disponível em: <http://www.radiorural.com.br/noticias/25306-fim-de-
semana-com-geada-e-temperaturas-negativas>. Acesso em: 15 abr. 2019.

f) (   )

Conforme indicam as pesquisas científicas, a difusão das armas de fogo é um elemento crucial que faz aumentar os homicídios.

Extra, 5 jun. 2017. Disponível em: <https://extra.globo.com/noticias/brasil/mais-de-318-mil-jovens-foram-
assassinados-no-brasil-entre-2005-2015-aponta-pesquisa-21434496.html>. Acesso em: 15 abr. 2019.

g) (   )

À medida que a temporada europeia se encaminha para o fim, o mercado da bola já começa a ficar agitado.

UOL. 14 abr. 2019. Disponível em: <https://esporte.uol.com.br/futebol/ultimas-noticias/2019/04/14/willian-volta-
a-despertar-interesse-do-barcelona-diz-jornal.htm>. Acesso em: 15 abr. 2019.

9. Leia os trechos a seguir.

I. "Mas faremos com a verba que tiver, **ainda que seja menor**", diz Margarida Oliveira, responsável pela comunicação do festival.

G1. Disponível em: <https://g1.globo.com/pop-arte/noticia/2019/04/15/mostra-internacional-de-cinema-de-sao-paulo-diz-que-petrobras-cancelou-patrocinio.ghtml>. Acesso em: 15 abr. 2019.

II. "A esperança de ver nosso país trilhando novos caminhos ou pelo menos outras maneiras de caminhar, **como disse o poeta Thiago de Mello**, está sendo colocada à prova, infelizmente."

UOL Notícias, 10 jun. 2017. Disponível em: <https://noticias.uol.com.br/politica/ultimas-noticias/2017/06/10/marina-chama-resultado-do-julgamento-do-tse-de-fatidico-e-teme-descrenca-da-sociedade.htm>. Acesso em: 15 abr. 2019.

III. Secretários defendem ajustes **para aprimorar leis de incentivo à inovação nas empresas**

Ministério da Ciência, Tecnologia, Inovação e Comunicações. Disponível em: <http://www.mcti.gov.br/sr_RS_latin/noticia/-/asset_publisher/epbV0pr6eIS0/content/secretarios-defendem-ajustes-para-aprimorar-leis-de-incentivo-a-inovacao-nas-empresas;jsessionid=D03332F618DC6B02E69FC5417D925403.columba>. Acesso em: 15 abr. 2019.

- Agora, complete o quadro classificando as orações em destaque nos trechos e especificando a ideia que elas estabelecem com a oração principal.

	CLASSIFICAÇÃO DA ORAÇÃO EM DESTAQUE	IDEIA EXPRESSA EM RELAÇÃO À ORAÇÃO PRINCIPAL
Trecho I		
Trecho II		
Trecho III		

10. As orações subordinadas adverbiais concessivas admitem um fato contrário ao que se diz na oração principal, ou seja, faz uma concessão. Ela traz uma informação que poderia invalidar o fato apresentado pela oração principal, mas que não o faz. Tendo em vista essas informações, analise o fragmento e, em seguida, responda às questões referentes a ele.

Impressa, Wikipédia em inglês vira enciclopédia de 7.600 volumes

Todo mundo sabe que a Wikipédia é imensa, mas são necessários livros físicos – ainda uma unidade de medida "cognitivamente útil", segundo Mandiberg – para fazer ideia de quanto. "Não precisamos ver a coisa toda para compreender o quanto ela é grande", disse Mandiberg. "Mesmo que tenhamos só uma estante para ver, nosso cérebro humano é capaz de finalizar o resto."

Mandiberg, um colaborador experimentado da Wikipédia, com quase 2.000 alterações e inserções de texto a seu crédito, começou a propor a ideia do projeto em 2009. [...]

Folha de S.Paulo, 23 jun. 2017. Disponível em: <http://www1.folha.uol.com.br/tec/2015/06/1646223-impressa-wikipedia-em-ingles-vira-enciclopedia-de-7600-volumes.shtml>. Acesso em: 15 abr. 2019.

a) No fragmento apresentado, há uma oração subordinada adverbial concessiva. Identifique-a.

b) A que oração principal essa oração concessiva se refere?

11. Reescreva as frases a seguir, pontuando-as corretamente.

a) Conforme disseram os cientistas as pesquisas estão em andamento.

b) À medida que chovia as ruas ficavam mais alagadas.

c) Quando os pais chegaram em casa tiveram uma boa surpresa.

d) Como chegamos cedo pudemos comprar os melhores lugares no teatro.

e) Nem sempre como pudemos constatar as provas são tão difíceis.

f) Quando chega o inverno muitas aves migram.

g) Mesmo que chova muito haverá a festa de aniversário.

h) Se não levar o guarda-chuva poderá se molhar.

i) Para levar as pessoas até lá é necessário fazer a viagem parecer atraente.

Concordância verbal

- Entre o verbo e o sujeito de uma oração existe uma relação de conformidade: o verbo deve **concordar** com o sujeito em **número** e **pessoa**.

- Em **expressões que indicam parte de um conjunto** — "um grupo de", "a maioria de" e outras semelhantes —, o verbo pode tanto concordar com o núcleo, ficando no singular, como pode concordar com o modificador do núcleo.

- Em **expressões com porcentagem**, em geral, o verbo concorda com o número, que é o núcleo, mas também pode concordar com seu modificador. Exemplo: *Vinte* por cento do público **manifestaram** essa opinião; *Vinte* por cento do público **manifestou** essa opinião.

- Em **expressões com fração**, o verbo concorda com o numerador. Exemplo: *Dois* terços dos atores **concordavam** com o diretor.

- Na expressão **"um dos que"**, o verbo fica no singular ou no plural, mas a segunda forma é preferencial.

- Em **núcleos escritos no plural, representando ideia de singular**, que sejam antecedidos por artigo, a concordância do verbo é feita no plural. Exemplos: *Os Estados Unidos* **venceram** a competição; *Os Maias* **ganharam** uma adaptação para a televisão.

- Quando o sujeito é representado pelo **pronome relativo** *que*, o verbo concorda com seu antecedente; no entanto, quando é indicado por *quem*, o verbo fica na terceira pessoa do singular. Exemplo: Sou *eu que* **revejo** as rubricas; Sou *eu quem* **revê** as rubricas.

- Em casos de **sujeito composto**, o verbo normalmente assume a forma plural.
  - Quando o sujeito composto está posposto ao verbo, o verbo pode concordar com o núcleo mais próximo ou ficar no plural.
  - Quando os núcleos do sujeito estão ligados pela conjunção *ou*, é preciso avaliar se os dois núcleos participam da ação ou se um exclui o outro. Exemplo: *Luana* ou *Tainá* **interpretará** Maria; *Pós-graduação* ou *possibilidade* de viajar **constituem** requisitos importantes.

- Em casos de concordância com o verbo *ser*:
  - quando há na oração uma palavra no plural, a concordância se faz com ela, esteja essa palavra no sujeito ou no predicativo. Exemplo: *As falas* do protagonista **foram** uma surpresa; O sonho de Carmem **eram** os grandes *teatros* da cidade de Paris.
  - quando há na oração uma palavra que designa pessoa, a concordância se faz com ela, esteja essa palavra no sujeito ou no predicativo. Exemplo: *Mario* **era** as preocupações dos pais.
  - nas expressões **"é pouco"**, **"é muito"**, e em outras semelhantes, o verbo *ser* fica no singular.

- O verbo *haver* é impessoal quando significa "existir" e quando indica tempo decorrido. Nesses casos, é empregado no singular. Exemplo: **Houve** alguns episódios estranhos; **Há** dois anos não via Maria.

- Indicando tempo decorrido, o verbo *fazer* é impessoal e fica no singular.

- Em construções **verbo + se** na **voz passiva sintética** (quando seguido da partícula apassivadora *se*), o verbo concorda com o sujeito. Exemplo: **Divulgam**-se *as peças em cartaz* nos jornais.
- Em construções **verbo + se** na **indeterminação do sujeito** (quando seguido do índice de indeterminação do sujeito *se*), o verbo é empregado no singular. Exemplo: **Confia**-se em teses absurdas.

Concordância nominal

- Segundo a **regra geral de concordância nominal**, artigos, numerais, pronomes e adjetivos devem ter o mesmo número e o mesmo gênero que o substantivo ao qual se referem.
- O **adjetivo** concorda em gênero e número com o substantivo mais próximo ou com o conjunto dos substantivos aos quais se refere. Especificações:
  - O adjetivo anteposto a dois ou mais substantivos geralmente concorda com o substantivo mais próximo. Exemplo: A loja de móveis oferece **boa** *localização* e *atendimento*.
  - O adjetivo posposto a dois ou mais substantivos concorda com o mais próximo ou vai para o plural.
  - O adjetivo que se refere a substantivos de gêneros diferentes geralmente faz a concordância no masculino plural.
  - As palavras *bastante*, *meio*, *muito* e *mesmo*, quando empregadas como adjetivo, concordam com o substantivo a que se referem.
- As palavras *obrigado* e *obrigada* concordam em gênero e em número com o autor do agradecimento.
- Com as expressões **"é bom"**, **"é necessário"**, **"é proibido"** e **"é preciso"**, ocorre a concordância do sujeito com o predicativo se o sujeito apresentar um determinante. Caso contrário, não se faz concordância. Exemplo: É *proibida* **a permanência** nas rampas; É *proibido* **permanecer** nas rampas
- A palavra *menos* nunca varia.
- Os termos *anexo* e *incluso* concordam em gênero e número com o substantivo a que se referem.
- A palavra *quite* varia de acordo com o número do substantivo.

Onde e aonde; se não e senão

- *Onde* substitui um adjunto adverbial de lugar e indica espaço físico.
- *Aonde* indica direção ou deslocamento (pode ser substituído por "para onde") e é empregado exclusivamente com verbos de movimento.
- A expressão *se não* é construída pela conjunção subordinativa condicional *se* (caso) seguida do advérbio de negação *não*. *Se não* normalmente pode ser substituído por "caso não" ou "quando não".
- A palavra *senão* pode, conforme o contexto, ser conjunção coordenativa (alternativa ou adversativa) ou preposição.

▶ Praticando

1. Respeitando as regras de concordância, complete as lacunas a seguir com a forma apropriada do verbo entre parênteses.

a) 62% dos brasileiros _____ que a democracia é sempre melhor que qualquer outra forma de governo. (acreditar)

Disponível em: <http://datafolha.folha.uol.com.br/opiniaopublica/2014/03/1433561-brasileiros-preferem-democracia-mas-sao-criticos-com-seu-funcionamento.shtml>. Acesso em: 16 abr. 2019.

b) O segmento de defesa e segurança deve contribuir com 15% da receita no ano, enquanto 1% _____ vir de outros negócios. (dever)

Disponível em: <http://www.valor.com.br/empresas/4893096/lucro-da-embraer-dispara-em-2016?noticia2>. Acesso em: 16 abr. 2019.

c) Aliás, dos 66% que _____ "ter tomado conhecimento da reforma", apenas 27% _____ responder que se sentem "bem informados". (afirmar/ousar)

Disponível em: <https://www.cartacapital.com.br/revista/952/confusao-e-desinformacao-e-as-reformas-de-temer>. Acesso em: 11 jun. 2017.

d) Antes de nossa espécie ter evoluído, _____ muitos tipos diferentes de espécies primitivas humanas, cada uma delas com características físicas próprias, bem como forças e fraquezas. (haver)

Disponível em: <http://www.midiamax.com.br/mundo/fosseis-achados-marrocos-mudam-tudo-sabemos-sobre-origem-humanidade-344142>. Acesso em: 16 abr. 2019.

e) A maioria dos brasileiros _____ pessimista com relação à aprovação da Reforma Trabalhista [...]. (estar)

Disponível em: <http://datafolha.folha.uol.com.br/opiniaopublica/2017/05/1880398-maioria-rejeita-reforma-trabalhista.shtml>. Acesso em: 16 abr. 2019.

f) Se você se preocupa com décimo-terceiro salário, adicional de férias, FGTS e Previdência Social, é preciso guardar bem os nomes dos deputados que _____ a Terceirização na noite desta quarta-feira (22). (aprovar)

Disponível em: <https://www.pragmatismopolitico.com.br/2017/03/terceirizacao-veja-como-votou-cada-deputado.html>. Acesso em: 16 abr. 2019.

2. Encontre a alternativa em que a concordância do verbo *ser* está **inadequada**.

a) (   ) Já são dez horas.

b) (   ) Dois é pouco.

c) (   ) A sua vida era seus filhos.

d) (   ) Isso são águas passadas.

e) (   ) Fazer compras era sua paixão.

3. Preencha as lacunas com as palavras adequadas.

a) É _____ o acesso à área indicada na placa. (proibido/proibida)

b) É _____ a reprodução deste material sem autorização prévia. (proibido/proibida)

c) Há _____ motivos para a greve geral. (bastante/bastantes)

d) Os vizinhos falam _____. (bastante/bastantes)

4. Considerando seu conhecimento sobre a partícula apassivadora e o índice de indeterminação do sujeito, passe para o plural os termos destacados nas orações a seguir, fazendo as modificações necessárias.

a) Procura-se um **novo ministro** da educação.

_____

_____

b) Em Portugal, construiu-se **um avião** luxuoso.

_____

_____

c) Necessita-se **de pessoa** para teste coletivo para projeto de pesquisa.

_____

_____

_____

d) Adota-se **um gatinho**.

_____

_____

e) Na França, construiu-se **uma linha pedagógica** funcional.

_____

_____

_____

f) Pinta-se **casa e portão**.

_____

_____

g) Admite-se **funcionário** para cozinha.

_____

_____

h) Vende-se **geladeira** sem uso.

_____

_____

i) Conserta-se **celular e rádio**.

_____

_____

j) Precisa-se de **vendedor**.

_____

_____

5. Observe a concordância verbal das orações a seguir e marque correto (C) ou incorreto (I) para cada uma das alternativas.

   a) (   ) Pede-se a todos os presentes.
   b) (   ) Adota-se cachorros.
   c) (   ) Necessitam-se de doações.
   d) (   ) Mais de 50% dos economistas estrangeiros acreditam na rápida recuperação da economia do Brasil.
   e) (   ) Um dos que chegaram atrasados perdeu a prova.
   f) (   ) Fui eu quem realizou a leitura do último texto.

   • Agora, reescreva as orações incorretas, corrigindo-as e explicando a regra de concordância.

   _____
   _____
   _____
   _____

6. Assinale a alternativa em que a concordância verbal está **inadequada**.

   a) (   ) Apenas 1% da população daquele país não fala uma segunda língua.
   b) (   ) Aumentou os números de acidentes depois do aumento da velocidade na avenida Marginal.
   c) (   ) Os Emirados Árabes são um país no Golfo Pérsico.
   d) (   ) Faltaram determinação e força.
   e) (   ) Havia muitas pessoas na fila do banco.

7. Observe ao lado a capa da biografia *Chaplin por ele mesmo*. Sobre o título do livro, julgue os itens a seguir.

   a) O termo *mesmo*, nesse título, tem função adjetiva e concorda com o pronome pessoal *ele*.
   b) O pronome pessoal *ele* refere-se ao cineasta Charles Chaplin.
   c) Se o livro tratasse de uma artista mulher, a palavra *mesmo* seria substituída por *mesma*.
   d) Se o livro tratasse de uma artista mulher, a palavra *mesmo* permaneceria no masculino, pois tem função adverbial e é invariável.
   e) A palavra *mesmo* nesse título tem a mesma função de *mesmo* na oração "Mesmo os filmes menos conhecidos de Chaplin são fantásticos".

   • Quais alternativas estão corretas?

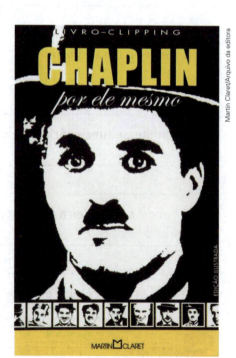

↑ Capa da biografia de Charles Chaplin.

_____
_____

8. Leia as frases a seguir e indique a alternativa correta quanto à concordância nominal.

I. O que se esperava dele é que agisse com absolutos respeito e honestidade.

II. O que se esperava dele é que agisse com honestidade e respeito absolutos.

III. O que se esperava dele é que agisse com honestidade e respeito absoluto.

IV. O que se esperava dele é que agisse com absoluta honestidade e respeito.

V. O que se esperava dele é que agisse com respeito e honestidade absoluta.

a) (   ) Apenas I está incorreta.

b) (   ) Apenas II está incorreta.

c) (   ) Apenas III está incorreta.

d) (   ) As frases I, II e III estão incorretas.

e) (   ) As frases IV e V estão incorretas.

f) (   ) Todas as frases estão incorretas.

9. Analise as orações a seguir.

I. Saí da escola ao meio-dia e meio hoje.

II. Eles mesmo declararam seu imposto de renda.

III. Seguem anexas as cópias dos originais.

IV. Diego queria saber horário e duração exatos do filme.

V. As documentações solicitadas também estão inclusas no processo.

- As frases em que a concordância nominal está correta são:

a) (   ) I e II.

b) (   ) I e V.

c) (   ) II e III.

d) (   ) III, IV e V.

e) (   ) II, III e IV.

f) (   ) I, II, III, IV e V.

10. Assinale a alternativa em que a concordância nominal está **inadequada**.

a) (   ) O apartamento possui localização e preço perfeito.

b) (   ) O apartamento possui preço e localização perfeita.

c) (   ) O apartamento possui localização e preço perfeitos.

d) (   ) O apartamento possui preço e localização perfeitos.

e) (   ) O apartamento possui preço e localização perfeito.

11. Analise as orações a seguir em relação ao uso dos termos *aonde* e *onde*. Depois, assinale as alternativas corretas (**C**) e as incorretas (**I**).

a) (   ) Na frase "Sua casa está onde seu coração se sente bem", o termo *onde* indica espaço físico.

b) (   ) Na frase "Não importa onde você vá, eu estarei sempre com você", o emprego de *onde* está inadequado, por isso deve ser substituído por *aonde*.

c) (   ) O termo *onde* deve ser empregado apenas com verbos de ação.

d) (   ) Na frase "Aonde há fumaça, há fogo", o termo *aonde* foi empregado de maneira incorreta, devendo ser substituído pelo termo *onde*.

e) (   ) Na frase "O amor e a amizade podem estar onde você menos espera", o emprego do termo *onde* está correto.

f) (   ) Não há diferença em se usar os termos *onde* e *aonde*. Prefere-se um ao outro por motivos de estilo pessoal.

g) (   ) O uso de *aonde* está correto em: "Aonde você vai esta tarde?".

12. Leia o texto a seguir. Depois, julgue as afirmações a respeito do emprego da palavra *onde*, em destaque no penúltimo parágrafo.

Nicholas Winton, o homem que resgatou 669 crianças do Holocausto

"Acho que não aprendemos nada... o mundo hoje está em uma situação mais perigosa do que nunca"

O corretor britânico Nicholas Winton planejava passar o fim de 1938 descansando na Suíça, mas acabou decidindo ir para Praga, na República Checa, então ocupada pelo regime nazista, ajudar um amigo que estava envolvido no resgate de judeus no Holocausto.

Vindo de família judia, Winton nasceu em 1909 na Inglaterra, foi batizado na Igreja Católica e teve seu sobrenome original alterado. Aos 29 anos, ele foi responsável por desenvolver um sistema de resgate para crianças judias que foram separadas de suas famílias pelos nazistas.

Durante os meses que se seguiram, Winton ajudou 669 crianças que moravam na República Checa a fugirem do país para a Inglaterra de trem. Já em solo britânico, a mãe de Winton, Barbara, recebeu as crianças e encontrou novos lares para elas. O esquema de fuga acabou em setembro de 1939, quando os nazistas invadiram a Polônia e começaram a Segunda Guerra Mundial.

O corretor se juntou à Força Aérea Real da Inglaterra, **onde** serviu como piloto ao longo dos próximos anos. No fim da guerra, voltou para solo britânico, **onde** se casou, teve filhos e continuou trabalhando com causas relacionadas a direitos humanos.

A sua história permaneceu desconhecida por décadas até que, em 1988, sua esposa, Grete, encontrou nas coisas de Winton um álbum com todos os nomes das crianças que ajudou a resgatar.

[...]

↑ Nicholas Winton, em Praga, na República Checa, em 2014.

Isabela Moreira/Editora Globo. Nicholas Winton, o homem que resgatou 669 crianças do Holocausto. Revista *Galileu*, 2 fev. 2017. Disponível em: <http://revistagalileu.globo.com/Sociedade/noticia/2017/02/nicholas-winton-o-homem-que-resgatou-669-criancas-do-holocausto.html>. Acesso em: 14 abr. 2019.

I. Nos dois casos, *onde* é um pronome relativo, pois substitui um termo da oração anterior.

II. *Onde* pode substituir um adjunto adverbial de lugar e indicar espaço físico.

III. Nos dois casos, *onde* poderia ser substituído por *aonde* sem prejuízo de sentido para o texto.

IV. *Onde* indica direção ou deslocamento (pode ser substituído por "para onde") e emprega-se exclusivamente com verbos de movimento.

- Estão corretas apenas as afirmativas:

a) (   ) I e II.
b) (   ) III e IV.
c) (   ) I, II e III.
d) (   ) II e IV.
e) (   ) II, III e IV.

13. Complete as lacunas que se seguem com *onde* ou *aonde*, de acordo com o contexto de cada oração.

a) _____ você está indo?

b) _____ Juliana está agora?

c) Estou _____ sempre sonhei estar.

d) Incêndio destruiu a casa _____ minha avó morou.

e) Ainda não sabemos _____ iremos nas próximas férias.

f) _____ vocês irão quando saírem da escola hoje?

g) Polônia é o país _____ o músico Chopin nasceu.

h) De _____ você está falando?

i) Eles chegaram _____ ninguém nunca mais chegou nesta empresa.

j) _____ nos levará o destino?

14. Leia os trechos a seguir e assinale a(s) alternativa(s) **incorreta(s)**.

I. "Com a Coreia do Norte não há alternativa, **senão** o diálogo", diz analista...

Disponível em: <https://noticias.uol.com.br/ultimas-noticias/deutschewelle/2017/05/31/com-a-coreia-do-norte-nao-ha-alternativa-senao-o-dialogo.htm>. Acesso em: 14 abr. 2019.

II. "**Se não** tivesse revisão, PIB estaria errado", diz presidente do IBGE

Disponível em: <http://g1.globo.com/economia/noticia/se-nao-tivesse-revisao-pib-estaria-errado-diz-presidente-do-ibge.ghtml>. Acesso em: 14 abr. 2019.

a) (   ) No segundo trecho, o uso de "se não" traz à oração um valor condicional.

b) (   ) Podemos substituir a palavra *senão*, utilizada no primeiro excerto, pela expressão "a não ser", sem que haja alteração de sentido.

c) (   ) No primeiro trecho, o uso de *senão* tem o significado de *mas*, *porém*.

d) (   ) No primeiro trecho, o uso da palavra *senão* está incorreto, pois tem valor condicional.

e) (   ) No primeiro trecho, o uso de *senão* está correto; já no segundo, deveria ter o mesmo sentido de *porém* expresso no primeiro trecho.

15. Complete as lacunas com a expressão *se não* ou a palavra *senão*, de acordo com o contexto das orações.

a) _____ melhorar seu desempenho, o jogador principal será substituído no segundo tempo.

b) Precisamos flexibilizar o contrato, _____ o cronograma do trabalho ficará comprometido.

c) _____ formos hoje, na próxima semana iremos ao cinema.

d) O que era aquilo, _____ uma disputa?

e) _____ eu, quem te ajudaria?

f) _____ puder, me avise com antecedência, por favor.

g) Com quantos anos você aprenderá a fazer isso sozinho? _____ consegue respeitar os horários, não poderá sair.

Regência verbal e regência nominal

- **Regência verbal** é a relação entre um verbo e os termos que ele rege.
- **Regência nominal** é a relação entre um nome (substantivo, adjetivo ou advérbio) e os termos que ele rege.
- O termo que exige complemento é chamado de **regente**, e aquele que o complementa é denominado **regido**.
- Conhecer a regência de um verbo é verificar se ele exige **complemento** ou não.
- Se o verbo exigir complemento, o termo regido pode se ligar a ele direta ou indiretamente, de acordo com a transitividade do verbo (se transitivo direto ou transitivo indireto).
- Se o verbo for **transitivo indireto**, é necessário saber por meio de qual ou de quais preposições ele se liga a seu complemento (o objeto indireto). Exemplos: *gostar de, obedecer a, lembrar-se de, chegar a.*
- Alguns verbos têm diferentes sentidos conforme a regência. Exemplo: O cuidador *assistiu* (ajudou) o idoso durante o exame. / Os críticos de arte *assistiram* (viram) aos filmes.
- As **preposições** também estabelecem relação de regência entre alguns nomes e seus complementos. Exemplos: *habituado a, compatível com, responsável por.*

Colocação pronominal

- A **colocação pronominal** refere-se às três posições que os **pronomes pessoais oblíquos átonos** ocupam, em uma frase, em relação ao verbo.
    - Na **ênclise**, o pronome aparece depois do verbo. Ex.: O jovem *desviou-se* da lei.
    - Na **próclise**, o pronome vem antes do verbo. Ex.: Não *lhe entreguei* a pasta.
    - Na **mesóclise**, o pronome fica intercalado no verbo. Ex.: *Entregar-lhe-ei* a conta.
- Na norma-padrão da língua, existem regras para a colocação dos pronomes. Por exemplo, nunca se inicia um período com pronome oblíquo. Nesses casos, a ênclise é recomendada.
- A ênclise também é recomendada quando a oração está na **ordem direta**: sujeito + verbo + complementos.
- Quando o verbo está no **infinitivo**, o correto é utilizar a ênclise, mesmo que haja palavras que atraiam o pronome.
- A próclise ocorre quando, antes do verbo, existem certas palavras ou expressões que atraem o pronome para a posição proclítica, tais como:
    - palavras que expressam sentido negativo (*não, nunca, jamais*, etc.), desde que não seguidas de vírgula;
    - advérbios;
    - pronomes interrogativos (*que, quem, quanto, qual*, etc.);
    - pronomes relativos (*que, qual, onde*, etc.);
    - conjunções subordinativas (*à medida que, a fim de, embora, visto que*, etc.).
- A mesóclise, hoje usada apenas em situações que exigem registro muito formal, ocorre quando o verbo inicia a oração e está no futuro do presente ou no futuro do pretérito.

O uso da crase

- Quando a preposição **a** exigida pelo termo regente se junta ao artigo masculino **o(s)** do termo regido, forma-se a combinação **ao(s)**: **preposição a** + **artigo o(s)**.

- Se a **preposição a** do termo regente se juntar ao **artigo feminino a(s)** do termo regido, ocorrerá uma fusão da preposição com o artigo.

- **Crase** é o nome dado a essa fusão das duas vogais idênticas (**a** + **a**). Na escrita, a crase é indicada pelo acento grave: **à(s)**.

- Também ocorre crase quando a preposição se funde à vogal inicial **a** dos pronomes *aquele(s)*, *aquela(s)* e *aquilo*. Exemplo: Voltamos *àqueles* velhos tempos.

- Alguns **nomes de lugares geográficos** podem admitir artigo, outros não. Para verificar se o nome admite artigo ou não, podemos testá-lo com um termo cuja regência exija a preposição *de*. Exemplos: Vim da Itália → Vou à Itália; Vim de Manaus → Vou *a* Manaus.

- O **a** em **locuções com palavra feminina** também recebe acento grave.

- Também se acentua o **a** nas expressões que indicam **hora**. Ex.: *às* duas horas.

▶ Praticando

1. Leia os títulos de notícia a seguir.

   I. A agricultura brasileira **precisa** de ajuda?

   Revista *Exame*, 14 mar. 2019. Disponível em: <https://exame.abril.com.br/revista-exame/a-agricultura-precisa-de-ajuda/>. Acesso em: 13 maio 2019.

   II. 5 motivos para **assistir** à série 'Merlí'

   Guia da Semana, 1º jan. 2019. Disponível em: <https://www.guiadasemana.com.br/filmes-e-series/noticia/motivos-para-assistir-a-serie-merli>. Acesso em: 13 maio 2019.

   III. Google quer **responder** a perguntas que você ainda nem fez

   Portal UOL, 25 set. 2018. Disponível em: <https://economia.uol.com.br/noticias/bloomberg/2018/09/25/google-quer-responder-a-perguntas-que-voce-ainda-nem-fez.htm?cmpid=copiaecola>. Acesso em: 13 maio 2019.

   - Assinale a alternativa correta em relação à regência dos verbos em destaque.

     a) (   ) Todos os títulos apresentam complemento que se liga ao verbo por meio de preposição.

     b) (   ) Apenas o título **II** apresenta complemento que se liga ao verbo sem a necessidade de preposição.

     c) (   ) Apenas o título **III** apresenta complemento que se liga ao verbo por meio de preposição.

2. Complete os títulos de notícias com as preposições adequadas, de acordo com a regência nominal.

   I. Presidente do Santos diz que admiração _____ Cuca triplicou após preleção

   Gazeta Esportiva, 31 jul. 2018. Disponível em: <https://www.gazetaesportiva.com/times/santos/presidente-do-santos-diz-que-admiracao-por-cuca-triplicou-apos-prelecao/>. Acesso em: 13 maio 2019.

   II. Como driblar a vontade _____ desistir dos exercícios

   Unimed do Brasil. Disponível em: <https://www.unimed.coop.br/web/costaoeste/noticias-unimed/como-driblar-a-vontade-de-desistir-dos-exercici-1>. Acesso em: 13 maio 2019.

3. Leia o trecho abaixo. Depois, julgue os itens como verdadeiros (**V**) ou falsos (**F**).

> **Desenhos animados mudam de fórmula para agradar ao público atual**
>
> Disponível em: <http://www.correiobraziliense.com.br/app/noticia/diversao-e-arte/2017/06/02/interna_diversao_arte,599519/reboots-de-desenhos-animados-classicos.shtml>. Acesso em: 3 maio 2019.

a) ( ) O verbo *agradar* em "para agradar ao público atual" é transitivo direto.

b) ( ) O verbo *agradar*, empregado na frase em análise, tem sentido de "causar agrado", "satisfazer".

c) ( ) O verbo *agradar*, na frase, tem sentido de "acariciar", "afagar".

d) ( ) A frase "para agradar ao público atual" está correta, pois o verbo *agradar* é transitivo indireto e exige objeto indireto, iniciado por preposição.

e) ( ) Se a parte final da frase fosse "para agradar o público atual", a regência do verbo *agradar* não estaria de acordo com a norma-padrão da língua.

f) ( ) O verbo *agradar*, nesse contexto, é um termo regente e *ao público atual* é um termo regido, ligado indiretamente ao verbo por meio de uma preposição.

g) ( ) O verbo *agradar*, no contexto dessa frase, é um termo regido. A expressão *ao público atual* é um termo regente, ligado diretamente ao verbo sem intermédio de uma preposição.

4. Em qual das orações a seguir o verbo *agradar* apresenta a mesma transitividade do verbo empregado no trecho da atividade anterior? Assinale-a.

a) ( ) Juliana passou a manhã toda agradando seu gatinho.

b) ( ) Mateus queria agradar seu irmão depois do que tinha feito.

c) ( ) A peça agradou a todos os espectadores, sem exceção.

d) ( ) O pai agradou seu cachorro com um petisco canino.

e) ( ) O pai não tinha noção de como agradar seus filhos.

5. Preencha as lacunas com os verbos indicados entre parênteses, seguidos ou não de preposição, de acordo com a regência deles.

a) O médico _____ paciente. (assistir)

b) Ontem nós _____ um filme fantástico. (assistir)

c) Mariana _____ convite de casamento. (agradecer)

d) Paulo _____ João pela ajuda. (agradecer)

e) Letícia está _____ Bruno. (namorar)

f) _____ livro que li no fim de semana. (gostar)

g) Semana passada, nós _____ telefone por duas horas. (falar)

6. Assinale a alternativa em que a regência verbal está **inadequada**.

a) ( ) Gosto de aspirar o perfume das rosas.

b) ( ) O jogador agradeceu o apoio da torcida.

c) ( ) Venha assistir os debates em minha sala.

d) ( ) A vida a que ele aspirava era uma ilusão.

e) ( ) Sua displicência implicou uma bela multa para pagar.

f) ( ) Não soubemos agradecer o presente recebido de nossos vizinhos.

7. Leia a tira a seguir.

Charles M. Schulz. *Snoopy*: posso fazer uma pergunta, professora? Porto Alegre: L&PM, 2009. p. 69.

- Assinale, abaixo, as alternativas corretas quanto à regência verbal no primeiro quadrinho da tira.

    a) (   ) O verbo *esquecer* é um termo regente e o termo regido por ele é *da tabuada*.

    b) (   ) O termo regido *da tabuada* é ligado ao termo regente por meio de uma preposição, pois o verbo *esquecer*, nesse caso, é transitivo indireto.

    c) (   ) Se o verbo *esquecer* não fosse antecedido pela palavra *se*, o termo regido seria *tabuada*, pois, nesse contexto, o verbo seria transitivo direto.

    d) (   ) Se o verbo *esquecer* não fosse antecedido pela palavra *se*, o termo regido ainda seria *da tabuada*.

8. Agora, assinale abaixo as alternativas corretas quanto à regência verbal no terceiro quadrinho da tira.

    a) (   ) A locução verbal *queria poder dizer* é o termo regente e os termos regidos por ela são *alguma coisa* e *a ele*.

    b) (   ) O termo regido *alguma coisa* é objeto direto.

    c) (   ) O termo regido *a ele* é objeto indireto e conecta-se ao verbo por meio de uma preposição.

    d) (   ) Os termos *alguma coisa* e *a ele* são objetos indiretos.

    e) (   ) O termo regente é um verbo bitransitivo.

9. Complete as frases com os verbos indicados entre parênteses, verificando a necessidade de usar ou não preposição, de acordo com a regência verbal.

    a) Estou tentando me _____ filme. (lembrar)

    b) É preciso _____ alguns temas. (refletir)

    c) _____ música que está tocando no rádio. (adorar)

    d) Equipes médicas _____ população afetada por enchentes e acidentes graves. (assistir)

    e) No campo nós _____ um ar mais puro e saudável. (aspirar)

    f) Quem não _____ banheiro regularmente, tem chances de ter problemas no futuro. (ir)

    g) Não me _____ nossos momentos juntos. (esquecer)

    h) Todos os cidadãos devem _____ leis brasileiras. (obedecer)

    i) _____ porta antes de entrar no meu quarto. (bater)

    j) O atleta _____ seu recorde durante a competição. (bater)

    k) Este documento _____ partilha da propriedade entre os herdeiros (visar)

    l) Ao fim do debate, o palestrante _____ perguntas feitas. (responder)

10. Leia a tira a seguir.

Jim Davis. *Garfield*. Disponível em: <http://www1.folha.uol.com.br/ilustrada/cartum/cartunsdiarios/?cmpid=menu pe#06/2/2015>. Acesso em: 3 maio 2019.

a) Sobre a regência nominal no segundo quadrinho, assinale a alternativa correta.
   (   ) A expressão *a pelo* é um termo regente.
   (   ) A expressão *a pelo* é o termo regido pelo adjetivo *alérgico*.
   (   ) A expressão *de gato* complementa o sentido de *alérgico*.

b) Sobre a regência verbal no terceiro quadrinho, assinale a alternativa correta.
   (   ) O termo regente *livrar* tem como termo regido *de você*, que é o objeto indireto do verbo *livrar*.
   (   ) A expressão *de você* é um termo regente e refere-se ao verbo *livrar*.
   (   ) *Livrar* é um verbo transitivo direto, que exige complemento sem intermédio de uma preposição.

c) Sobre a colocação do pronome *me*, no terceiro quadrinho, julgue os itens a seguir.
   I. O período continuaria adequado em relação à norma-padrão se fosse reescrito desta forma: "Eu ia ter que livrar-me de você".
   II. No período ocorre próclise porque a conjunção subordinativa integrante *que* atrai o pronome para a posição proclítica.
   III. A colocação pronominal está inadequada em relação à norma-padrão, pois a conjunção subordinativa integrante repele o pronome.

   • Qual(is) afirmativa(s) está(ão) correta(s)?
   (   ) Apenas I.   (   ) I e II.
   (   ) Apenas II.   (   ) I, II e III.
   (   ) Apenas III.

11. Leia os seguintes períodos:

I.
> Todas as paixões nos levam a cometer erros, mas o amor faz-nos cometer os mais ridículos.
> François La Rochefoucauld. Disponível em: <http://pensador.uol.com.br/autor/francois_la_rochefoucauld/>. Acesso em: 3 maio 2019.

II.
> O imprevisto acontece e alguém te encontra. E te reencontra. Te reinventa. Te reencanta. Te recomeça.
> Gabito Nunes. Disponível em: <http://pensador.uol.com.br/autor/gabito_nunes/>. Acesso em: 3 maio 2019.

III.
> [...] O amor tolera; jamais se irrita e nunca exerce vingança.
> Mahatma Gandhi. Disponível em: <http://pensador.uol.com.br/autor/mahatma_gandhi>. Acesso em: 3 maio 2019.

- Na norma-padrão há regras para a colocação dos pronomes na oração. Porém, é sempre importante analisar a adequação ou inadequação à situação comunicativa. Com base nessas informações e em seu conhecimento sobre o assunto, analise as proposições a seguir, referentes aos períodos lidos. Depois, indique quais alternativas estão corretas.

  a) (   ) No português do Brasil, prefere-se a colocação do pronome antes do verbo, mesmo quando não existem as condições de próclise obrigatória. No trecho "Todas as paixões nos levam a cometer erros, [...]", por exemplo, a próclise foi utilizada, mas, de acordo com a norma-padrão, nesse caso, a colocação do pronome deveria estar em ênclise: "Todas as paixões levam-nos a cometer erros, [...]".

  b) (   ) No trecho "[...] mas o amor faz-nos cometer os mais ridículos", o uso de ênclise está inadequado em relação à norma-padrão. O emprego correto do pronome oblíquo *nos* nesse caso é "[...] mas o amor nos faz cometer os mais ridículos".

  c) (   ) Na oração "[...] e alguém te encontra", o uso do pronome oblíquo *te* antes do verbo *encontrar* justifica-se devido ao pronome indefinido *alguém*.

  d) (   ) As orações "Te reinventa. Te reencanta. Te recomeça." fogem às regras de colocação pronominal, mas, levando em conta a situação comunicativa em que foram utilizadas, tais construções são aceitas.

  e) (   ) Em "O amor tolera; jamais se irrita e nunca exerce vingança.", o uso do pronome *se* em próclise justifica-se em virtude da presença, na frase, do termo *jamais*, que expressa negação e obriga o uso de próclise.

12. A mesóclise, atualmente, é uma forma de colocação pronominal em desuso até mesmo na língua escrita. No entanto, o conhecimento a respeito dela poderá ser útil nas situações em que se exige o uso da norma-padrão, como no discurso jurídico, e mesmo na leitura de textos não contemporâneos e de documentos históricos. Assinale as alternativas em que a colocação pronominal deveria ser realizada por meio da mesóclise.

a) (   ) Darei-lhe uma resposta amanhã.

b) (   ) Este é o livro que me emocionou.

c) (   ) Jonas queixou-se dos altos juros.

d) (   ) Rapidamente te darei um retorno.

e) (   ) Maria não nos tinha autorizado a entrar.

f) (   ) Ela agradeceu-lhe a ajuda recebida.

g) (   ) Ligaram-me tarde da noite.

h) (   ) Falaram tardiamente para não nos preocuparmos em levar comida.

i) (   ) Ontem a vi triste.

j) (   ) Faria-lhe bem acordar cedo todos os dias.

k) (   ) Atrasamo-nos para a cerimônia de casamento.

13. Leia as alternativas abaixo e assinale a única **inadequada** quanto à colocação pronominal. Depois, reescreva-a de acordo com a norma-padrão.

a) (   ) Falar-te-ei meus maiores segredos.

b) (   ) Não falaram-me todas as novidades.

c) (   ) Quis sair, mas a impediram de desistir.

14. Leia a seguir um trecho da autobiografia de Martin Luther King.

Após muitos meses de atividade exaustiva no movimento dos direitos civis, **internei-me** com relutância no hospital para descansar e realizar um *check-up* completo. Na manhã seguinte, fui acordado por um telefonema da minha mulher. Ela havia recebido uma ligação de uma rede de televisão de Nova York. Tinha sido anunciado em Oslo, Noruega, pelo Parlamento daquele país, que eu era o ganhador do Prêmio Nobel da Paz de 1964.

Tive dificuldade em abrir os olhos, sem saber ao certo se era apenas um sonho ou se tinha ouvido bem. Primeiro fiquei estupefato. Estava ciente de minha indicação para essa honraria, mas no calor das responsabilidades de um movimento como o nosso não se tem tempo para pensar em distinções, de modo que eu estava bastante despreparado psicologicamente.

Mas então percebi que não **se tratava** meramente do reconhecimento pela contribuição de um homem no palco da história. Era um tributo ao magnífico drama do movimento dos direitos civis e aos milhares de atores que tão bem haviam desempenhado seus papéis. Na verdade, essas "nobres" pessoas é que ganharam esse Prêmio Nobel.

↑ Martin Luther King (1929-1968).

Clayborne Carson (Org.). *A autobiografia de Martin Luther King*. Tradução de Carlos Alberto Medeiros. Rio de Janeiro: Zahar, 2014. p. 303-304.

- Assinale as alternativas **incorretas** sobre a colocação pronominal no trecho.

a) (   ) Em *internei-me* ocorre a ênclise, pois, de acordo com a norma-padrão, quando há uma pausa antes do verbo, o pronome deve vir depois dele.

b) (   ) Em *internei-me* ocorre a ênclise, mas poderia ter sido empregada a próclise de acordo com a norma-padrão.

c) (   ) Em *se tratava* ocorre a próclise porque a palavra *não* é atrativa.

d) (   ) Em *se tratava* ocorre a próclise, mas poderia ter sido empregada a ênclise de acordo com a norma-padrão.

15. Na frase "Iremos ao cinema **à noite**", o acento grave indicativo de crase foi utilizado pelo mesmo motivo que nas expressões destacadas a seguir, exceto em:

a) (   ) Quer condenar **à fogueira** quem lhe traiu.

b) (   ) Dizem que os policiais, **às vezes**, sentem medo.

c) (   ) Há quem julgue que ser um "zero **à esquerda**" tem suas vantagens.

d) (   ) **À direita** ou **à esquerda**, em todos os lados há proibições para estacionamento de veículos particulares.

e) (   ) Ele saiu **às pressas** para não perder o ônibus.

- Agora, justifique o uso do acento grave em todos os casos.

_____
_____
_____
_____

16. Leia a tira a seguir.

Bill Watterson. *Criaturas bizarras de outros planetas!* 2. ed. São Paulo: Conrad, 2011. p. 6.

a) No trecho "fique **à vontade**", no segundo quadrinho, o acento grave indicativo de crase foi utilizado pelo mesmo motivo que nas expressões destacadas a seguir, exceto em:

( ) Carmem conseguiu passar no exame **à custa de** muito esforço.

( ) João ficou a tarde toda **à espera de** uma boa notícia.

( ) Gostaria que você falasse tudo **às claras**.

( ) No final do ano, vou **à Itália**.

( ) Estou **às ordens**, se precisar de mim.

b) O emprego da crase no trecho "Nos vemos **às dez**" é justificado por qual regra de uso da crase?

_____
_____
_____

17. Observe o emprego da crase nestes itens.

I. Simone vai à Roma.

II. Estão à procura de profissionais na área de sustentabilidade.

III. Ontem assistimos a estreia do nosso seriado preferido

IV. Às seis horas da manhã, já estou acordada.

V. Mário vai à Argentina.

- A alternativa correta em relação ao uso da crase é:
   a) ( ) I, II e III.
   b) ( ) II, IV e V.
   c) ( ) II, III e IV.
   d) ( ) I, III e V.
   e) ( ) IV e V.

18. Justifique por que as demais frases da atividade anterior estão incorretas.

_____
_____
_____
_____

Estrutura das palavras

Radical e afixos

- A menor unidade com significado em uma palavra é chamada de **morfema**.
- **Radical** é o morfema que apresenta o conteúdo básico de uma palavra. Exemplos: *vidro*, *vidraceiro*, *vidraça*, *vidrilho*.
- Palavras que têm o mesmo radical são chamadas de **cognatas**, isto é, pertencentes à mesma família de palavras.
- **Afixos** são os morfemas que, quando acrescentados a um radical, podem formar novas palavras. Há dois tipos de afixo:
  - **Prefixo**: afixo que vem antes do radical e altera o sentido de uma palavra. Exemplos: *braço – antebraço*; *adolescente – pré-adolescente*.
  - **Sufixo**: afixo que vem depois do radical e que pode modificar a classe gramatical de uma palavra. Exemplos: *perigo – perigoso*; *publicar – publicação*.

Desinência, vogal temática, consoante e vogal de ligação

- Os morfemas que indicam a flexão das palavras em número (singular/plural), gênero (masculino/feminino) e pessoa (1ª, 2ª, 3ª) são chamados de **desinências**.
- As desinências que podem aparecer em nomes (substantivos, adjetivos, pronomes, artigos e numerais) são as **desinências nominais**. Elas podem indicar flexão de número ou de gênero. Exemplo: Em *lindas*, a desinência *-a* indica feminino e a desinência *-s* indica plural.
- **Vogal temática** é o morfema que se junta ao radical, formando o tema. As vogais temáticas são três e indicam a conjugação verbal: *a* (1ª conjugação), *e* (2ª conjugação) e *i* (3ª conjugação). Exemplos: *amar*, *comer*, *subir*.
- As **desinências verbais** marcam as flexões dos verbos. Elas se ligam ao radical por meio da vogal temática (*a*, *e* ou *i*).
- As desinências verbais que informam tempo e modo são chamadas de **modo-temporais**; as que indicam número e pessoa são as **número-pessoais**. Exemplo: Em *recebessem*, a desinência *-sse-* indica modo (subjuntivo) e tempo (pretérito imperfeito) e a desinência *-m* indica número (plural) e pessoa (terceira).
- As **consoantes** e **vogais de ligação** são empregadas em algumas palavras, entre o radical e o sufixo, por razões de eufonia (som agradável ao ouvido) ou de articulação (para facilitar a pronúncia). Exemplos: *chaleira*, *gasômetro*.

Grafia de alguns sufixos e palavras cognatas

- Um sufixo tem sempre a mesma grafia, independentemente da palavra em que apareça, ainda que sejam acrescentadas a ele desinências de gênero e de número. Exemplos: *afetuoso/afetuosa*; *saboroso/saborosa*.
- A grafia das palavras formadas pelo acréscimo de um sufixo depende da grafia da **palavra primitiva**. Exemplos: *xadrez + -inho = xadrezinho*; *pires + -inho = piresinho*.

▶ Praticando

1. Leia o trecho a seguir, extraído de um artigo de curiosidade sobre os oito melhores filmes já produzidos.

> Fellini foi com **certeza** um dos cinegrafistas mais citados pelos nove diretores aqui presentes. *Oito e meio* foi citado três vezes, figurando na lista de Scorsese, Del Toro e Allen. Este **projeto** autobiográfico de 1963 **conta** a história de um cineasta em **pleno** bloqueio criativo que, atormentado por não ter ideias, **resolve** produzir um filme metalinguístico. O longa tem grande **influência** da teoria psicanalítica de Jung e **utiliza** cenas de **sonhos** do próprio diretor.

Júlio Viana. 8 melhores filmes já produzidos, segundo grandes diretores do cinema. Revista *Galileu*, 2 maio 2017. Disponível em: <http://revistagalileu.globo.com/Cultura/noticia/2017/05/8-melhores-filmes-ja-produzidos-segundo-grandes-diretores-do-cinema.html>. Acesso em: 8 maio 2019.

← Capa do DVD do filme *8 ½*, dirigido por Federico Fellini, lançado em 1963.

- A menor unidade com significado em uma palavra é o **morfema**. O radical é o morfema que traz o conteúdo básico de uma palavra. Preencha o quadro a seguir identificando os radicais das palavras em destaque no trecho acima.

certeza	projeto	conta	pleno
_____	_____	_____	_____
resolve	influência	utiliza	sonhos
_____	_____	_____	_____

2. Assinale a alternativa em que o significado do morfema esteja **incorreto**.
   a) (   ) *Aero*: ar.
   b) (   ) *Oni*: todo.
   c) (   ) *Cito*: célula.
   d) (   ) *Oftalmo*: ouvido.
   e) (   ) *Bio*: vida.

3. Leia a tira abaixo.

Fernando Gonsales. Niquel Náusea. *Folha de S.Paulo*, 8 fev. 2017. Disponível em: <http://www1.folha.uol.com.br/ilustrada/cartum/cartunsdiarios/?cmpid=menupe#08/2/2015>. Acesso em: 8 maio 2019.

a) No segundo quadrinho, cria-se, no leitor, a expectativa de que os mesmos bichinhos do primeiro quadrinho desfizeram o vestido de baile. De que forma essa expectativa é rompida no último quadrinho? Que efeito isso causa?

_____
_____
_____
_____

b) Sobre a formação de algumas palavras da tira, julgue os itens a seguir.

   I. Na palavra *bichinhos*, o radical é *bich-* e o sufixo é *-inhos*.
   II. Na palavra *bichinhos*, *bich-* é o radical e *-inhos* é o prefixo.
   III. Na palavra *bichinhos*, *-inho* é um sufixo que indica diminutivo.
   IV. Na palavra *desfizeram*, *des-* é um prefixo que indica uma ação contrária ao ato de *fazer*.
   V. Nas palavras *bichinhos* e *desfizeram* não há afixos, ou seja, morfemas que, quando acrescentados a um radical, podem formar novas palavras.

   • Estão corretas apenas as afirmativas:
      ( ) I e II.   ( ) II, III e V.
      ( ) II e IV.   ( ) I, III e IV.
      ( ) II e III.

   • Agora, explique por que os demais itens estão incorretos.

_____
_____
_____
_____
_____

c) Como ficaria o verbo empregado no segundo quadrinho se a ideia expressa fosse de que os bichinhos fizeram novamente o vestido de baile?

_____
_____

4. Leia a sinopse do livro *Fahrenheit 451*.

Escrito após o término da Segunda Guerra Mundial, em 1953, *Fahrenheit 451*, de Ray Bradbury, revolucionou a literatura com um texto que condena não só a opressão **anti-intelectual** nazista, mas principalmente o cenário dos anos 1950, revelando sua apreensão numa sociedade opressiva e comandada pelo autoritarismo do mundo **pós-guerra**. Agora, o título de Bradbury, que morreu recentemente, em 6 de junho de 2012, ganhou nova edição pela Biblioteca Azul, selo de alta literatura e clássicos da Globo Livros, e atualização para a nova ortografia.

A singularidade da obra de Bradbury, se comparada a outras distopias, como *Admirável mundo novo*, de Aldous Huxley, ou *1984*, de George Orwell, é perceber uma forma muito mais sutil de **totalitarismo**, uma que não se liga somente aos regimes que tomaram conta da Europa em meados do século passado. Trata-se da "indústria cultural, a sociedade de consumo e seu corolário ético – a moral do senso comum", segundo as palavras do jornalista Manuel da Costa Pinto, que assina o prefácio da obra. Graças a esta percepção, *Fahrenheit 451* continua uma narrativa atual, alvo de estudos e reflexões constantes.

O livro descreve um governo **totalitário**, num futuro incerto, mas próximo, que proíbe qualquer livro ou tipo de leitura, prevendo que o povo possa ficar instruído e se rebelar contra o *status quo*. Tudo é controlado e as pessoas só têm conhecimento dos fatos por aparelhos de TVs instalados em suas casas ou em praças ao ar livre. A leitura deixou de ser meio para aquisição de conhecimento crítico e tornou-se tão instrumental quanto a vida dos cidadãos, suficiente apenas para que saibam ler manuais e operar aparelhos.

Fahrenheit 451 tornou-se um clássico não só na literatura, mas também no cinema. Em 1966, o diretor François Truffaut adaptou o livro e lançou o filme de mesmo nome estrelado por Oskar Werner e Julie Christie.

Disponível em: <http://globolivros.globo.com/livros/fahrenheit-451>. Acesso em: 8 maio 2019.

↑ Capa do DVD do filme *Fahrenheit 451*, dirigido por François Truffaut e lançado em 1966.

a) Em governos totalitários, a leitura, conforme apontado na sinopse, é vista como algo nocivo. Em sua opinião, por que isso ocorre?

_____
_____
_____

b) Julgue estes itens sobre o processo de formação das palavras em destaque no texto.

I. Nas palavras *anti-intelectual* e *pós-guerra*, *anti-* e *pós-* são prefixos. *Anti-* indica oposição à ideia de intelectualidade, e *pós-* indica momento posterior à guerra.

II. Nas palavras *totalitarismo* e *totalitário*, o radical é *totalit-*.

III. Nas palavras *totalitarismo* e *totalitário*, *-ismo* e *-ário* são prefixos.

- Estão corretas apenas as afirmativas:

( ) I.   ( ) III.   ( ) II e III.

( ) II.   ( ) I e II.

CONHECIMENTOS LINGUÍSTICOS

57

5. Leia a tira da personagem Armandinho e responda às questões.

Alexandre Beck. *Armandinho três*. Florianópolis: A. C. Beck, 2014. p. 75.

a) Em que sentido "construir muros" é diferente de "construir pontes"?
_____
_____
_____

b) Indique os radicais das palavras *tijolinho*, *muros* e *pontes*.
_____

c) Se a palavra *muros* estivesse no diminutivo, o efeito de sentido da expressão em que ela aparece seria o mesmo? Por quê?
_____
_____
_____
_____

6. Leia o trecho a seguir, extraído do livro *Sete minutos depois da meia-noite*, do escritor Patrick Ness.

> O monstro apareceu logo depois da meia-noite. Como **eles** sempre fazem.
>
> Conor estava acordado quando ele apareceu.
>
> Ele teve um pesadelo. Bom, não *um* pesadelo. O pesadelo. O pesadelo que ele andava tendo muito ultimamente. **Aquele** com a escuridão e o vento e os gritos. Aquele com as mãos escorregando, por mais que ele tentasse segurar. Aquele que sempre terminava em...
>
> — Vá embora — sussurrou Conor para a escuridão do quarto, tentando conter o pesadelo, impedir que ele o seguisse no mundo **deserto**. — Vá embora agora.
>
> Ele olhou para o relógio que sua mãe tinha colocado sobre a mesinha de cabeceira. 00h07. Meia-noite e sete minutos. O que era tarde para uma noite com escola na manhã seguinte, certamente tarde para um domingo.
>
> Ele não contou a ninguém sobre o pesadelo. Não para sua mãe, claro, mas para ninguém mais também, nem para o pai durante a ligação que acontecia a cada duas semanas (mais ou menos) [...].

Patrick Ness. *Sete minutos depois da meia-noite*. Ribeirão Preto: Novo Conceito, 2016. p. 9.

- Especifique a desinência de gênero e de número de cada uma das palavras em destaque no trecho.
_____
_____
_____

7. Releia os trechos a seguir, extraídos do texto da atividade anterior.

I. "Aquele com as mãos escorregando, por mais que ele **tentasse** segurar."

II. "Aquele que sempre **terminava** em..."

III. "— Vá embora — sussurrou Conor para a escuridão do quarto, tentando conter o pesadelo, impedir que ele o **seguisse** no mundo deserto."

IV. "Não para sua mãe, claro, mas para ninguém mais também, nem para o pai durante a ligação que **acontecia** a cada duas semanas (mais ou menos)."

- Observe as formas verbais em destaque e preencha os quadros abaixo, indicando as partes que compõem cada palavra.

TENT-	-A-	-SSE

TERMIN-	-A-	-VA

SEGU-	-I-	-SSE

ACONT-	-E-	-CIA

8. Assinale as alternativas em que o elemento mórfico em destaque está corretamente analisado.

a) (   ) *Cantaste (-a)* – vogal de ligação.

b) (   ) *Amiga (-a)* – desinência nominal de gênero.

c) (   ) *Amaram (-m)* – desinência do pretérito imperfeito.

d) (   ) *Felicidade (-i)* – vogal temática de 3ª conjugação.

e) (   ) *Meninos (-s)* – desinência nominal de número.

f) (   ) *Gostaram (-m)* – desinência nominal de gênero.

g) (   ) *Gelar (-a)* – vogal temática.

CONHECIMENTOS LINGUÍSTICOS

59

9. As desinências que aparecem em nomes (substantivos, adjetivos, pronomes, artigos e numerais) são as desinências nominais.

   a) Qual é a desinência nominal de gênero do adjetivo *limpo*?
   _____

   b) Qual é a desinência nominal de número do substantivo *cores*?
   _____

10. Observe os destaques nas palavras a seguir e relacione-as às imagens que expressam a ideia transmitida.

    I. **Hip**ódromo
    II. **Pluv**ial
    III. En**céfalo**
    IV. **Arbo**rização
    V. Herb**ívoro**
    VI. **Pneumo**logia

( ) 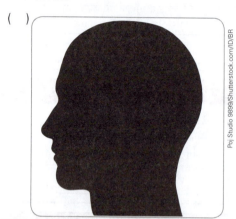   ( )

( )    ( )

( )    ( )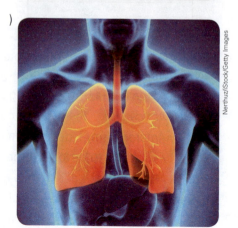

11. Assinale a alternativa em que a primeira palavra apresenta sufixo formador de adjetivo e a segunda palavra apresenta sufixo formador de substantivo.

a) (   ) Hostil, particular.

b) (   ) Encarecer, meiguice

c) (   ) Romântico, bronzear.

d) (   ) Compreensão, beleza.

e) (   ) Saboroso, encantamento.

12. Assinale a alternativa em que não há três palavras cognatas.

a) (   ) Aterro, aterrorizar, subterrâneo.

b) (   ) Agricultor, agrícola, agricultura.

c) (   ) Estudos, estudante, estudar.

d) (   ) Pátria, expatriado, repatriar.

e) (   ) Realizar, realmente, irreal.

13. Observe as palavras a seguir e escreva exemplos de palavras cognatas para cada uma.

Mar	
Livro	
Terra	
Pedra	
Flor	
Papel	

Processos de formação de palavras

Derivação e composição

- **Derivação** é o processo de formação de palavras que ocorre a partir de uma palavra já existente (chamada primitiva).
  - Na derivação **prefixal**, um prefixo é acrescentado à palavra primitiva.
  - Na derivação **sufixal**, um sufixo é acrescentado à palavra primitiva.
  - Na derivação **parassintética**, um prefixo e um sufixo são acrescentados, ao mesmo tempo, à palavra primitiva.
  - Na derivação **regressiva**, diferentemente das anteriores, não há ampliação da palavra primitiva por meio de afixos. Ao contrário, nela ocorre a redução de uma palavra (verbo) para a criação de outra (substantivo).
  - Na derivação **imprópria**, uma palavra muda, em determinado contexto, de uma classe gramatical para outra.
- É importante distinguir a derivação parassintética da derivação prefixal e sufixal (simultaneamente). Para verificar de qual processo de formação se trata, é preciso desmembrar a palavra derivada em duas partes. No caso de derivação parassintética, a parte A (prefixo + radical), a parte B (radical + sufixo) ou ambas **não** podem ter sentido isoladas, como é possível observar no exemplo da palavra *desalmado*, na qual nem "desalma" nem "almado" são palavras dotadas de sentido. Na derivação prefixal e sufixal ocorre o contrário: em *infelizmente*, "infeliz" e "felizmente" são expressões com sentido em nossa língua.
- **Composição** é o processo no qual ocorre a união de duas ou mais palavras. A composição pode se dar por **justaposição** (sem sofrer alteração) ou por **aglutinação** (com alteração).

Onomatopeia, abreviação, abreviatura, sigla e hibridismo

- **Onomatopeia** é a palavra que procura reproduzir de forma aproximada um som ou um ruído. Ex.: *tique-taque* (som de relógio); *miau* (som de miado).
- **Abreviação** é um dos processos de redução em que grafamos algumas **sílabas** de palavras. Ex.: *motocicleta – moto*; *telefone – fone*.
- **Abreviatura** é a redução de palavras ou locuções, na língua escrita, por meio de letras ou sílabas seguidas de ponto-final abreviativo. Ex.: *dr.* (doutor).
- **Sigla** é uma palavra criada pelas **iniciais** de um longo título. Em relação à grafia, usam-se todas as **letras em maiúsculas** se a sigla tiver até três letras ou se tiver mais letras e sua leitura for soletrada. Ex.: OAB (Ordem dos Advogados do Brasil), BNDES (Banco Nacional de Desenvolvimento Econômico e Social). Mas se a sigla tiver mais de três letras e for pronunciada como uma palavra, apenas a **primeira letra** é grafada com **maiúscula**. Ex.: Detran (Departamento Estadual de Trânsito).
- **Hibridismo** trata-se de um processo de formação de palavras com elementos de línguas diferentes.

O uso de aspas

- As **aspas** são um sinal de pontuação usado em diferentes contextos:
  - no **destaque** de palavras;
  - no destaque de **título de uma obra**;
  - na **citação direta** e em **diálogos**, indicando a alteração de interlocutor (nesse caso, pode ser substituída pelo travessão);
  - na indicação do **caráter irônico** de uma palavra ou expressão.

▶ Praticando

1. Leia a tira a seguir.

Bill Watterson. *Calvin e Haroldo*: e foi assim que tudo começou. 2. ed. São Paulo: Conrad, 2010. p. 105.

   a) Leia os itens a seguir sobre os recursos linguísticos empregados na tira. Depois, assinale a alternativa correta em relação às afirmações feitas.

   I. No segundo quadrinho, foi empregada a onomatopeia *vushh!*, que indica o barulho da descarga do vaso sanitário.

   II. No terceiro quadrinho, há duas onomatopeias: *ufffa!*, que indica alívio, e *ha, ha, ha!*, que indica gargalhada.

   III. No terceiro quadrinho, não ocorre o emprego de onomatopeia.

   (   ) Apenas I é verdadeira.
   (   ) Apenas II é verdadeira.
   (   ) Apenas III é verdadeira.
   (   ) I e II são verdadeiras.
   (   ) I e III são verdadeiras.

   b) Imagine que, no primeiro quadrinho, Calvin tivesse entrado no vaso sanitário bem rápido. Que onomatopeia você empregaria para indicar o atrito do corpo dele com a água ao entrar?

   _____

2. Assinale a alternativa em que todos os termos apresentados são criados a partir de derivação regressiva, ou seja, a partir da redução da palavra derivante.

   a) (   ) *Shopping*, *trolls*, *lovers*, *site* e *e-mail*.
   b) (   ) Abençoar, anoitecer, engavetar, esquentar e enfraquecer.
   c) (   ) Ajuda, ensino, alcance, agito e feito.
   d) (   ) Bum, smack, toc toc, ufa e miau.
   e) (   ) Assessoria, bimestral, gentileza, simplesmente e harmonioso.

3. Que onomatopeias você criaria para representar os sons sugeridos nas imagens?

4. As abreviações são usadas, muitas vezes, para permitir que a comunicação seja mais rápida. Assinale a única alternativa que não apresenta uma abreviação.
   a) (   ) Ontem comemoramos o níver de meu irmão.
   b) (   ) Vocês vão de metrô?
   c) (   ) Chegamos cedo em casa depois da festa.
   d) (   ) Tirei uma foto linda da cidade de Rio Branco.
   e) (   ) Antes da viagem, nem tivemos tempo de trocar o pneu.

5. Leia o trecho da notícia a seguir.

> Uma estudante de escola pública de Ribeirão Preto alcançou a nota mais alta da Fuvest no curso mais concorrido do vestibular 2017 da Universidade de São Paulo (USP): o de medicina no *campus* de Ribeirão Preto. Bruna Sena, de 17 anos, estudou a vida inteira na rede pública e superou 6,8 mil candidatos que disputaram as 90 vagas de graduação, ficando em 1º lugar. A assessoria de imprensa da USP em Ribeirão Preto (SP) confirmou a colocação da candidata. Com a aprovação, ela se tornou a primeira pessoa de sua família a ingressar no ensino superior. [...]

G1, 6 fev. 2017. Disponível em: <http://g1.globo.com/sp/ribeirao-preto-franca/noticia/2017/02/estudante-da-rede-publica-e-aprovada-em-medicina-na-usp-nao-foi-facil.html>. Acesso em: 14 maio 2019.

a) Identifique no trecho acima três exemplos de siglas e explique os respectivos significados.

b) Por que uma dessas siglas não foi grafada integralmente em letras maiúsculas?

_____

_____

_____

c) Agora, pesquise o significado de cada uma das siglas apresentadas a seguir. Depois, escreva ao lado das siglas o que descobriu.

- IBGE: _____

_____

- VOLP: _____

_____

- RG: _____

_____

- CPF: _____

_____

- ONU: _____

_____

- ABNT: _____

_____

- Prouni: _____

_____

6. Assinale a alternativa em que a primeira palavra apresenta sufixo verbal e a segunda, sufixo adverbial.

a) ( ) Musicalidade, publicamente.

b) ( ) Publicamente, aprendendo.

c) ( ) Aprendizado, musicalidade.

d) ( ) Simbolizar, publicamente.

e) ( ) Simbolizar, aprendendo.

f) ( ) Aprendendo, simbolizar.

g) ( ) Musicalidade, aprendendo.

7. Assinale a alternativa cuja palavra não se forma por derivação prefixal nem sufixal.

a) ( ) Incrível.

b) ( ) Jornaleiro.

c) ( ) Inesgotável.

d) ( ) Insegurança.

e) ( ) Ensino.

f) ( ) Desvalorização.

8. Leia um trecho do início do livro *Criatura contra criador*, que narra a saga de Victor, um professor de literatura apaixonado pelo universo fantástico que, de repente, começa a ser perseguido por um sujeito de aparência assustadora.

> Detesto as estações de trem. São todas **assustadoras**. Na minha opinião, não há nada mais triste do que uma plataforma, nada mais **desagradável** do que o ronco de um TGV ou de um expresso. Viajar de trem sempre foi, para mim, um castigo. Hoje mais ainda do que normalmente.
>
> No entanto, a plataforma de Mauzé está banhada de luz. O céu é de um azul tão puro que se acreditaria estar numa praia do Mediterrâneo, e o sol, depois de ter passado o verão inteiro ausente, concede por fim em espalhar este calor que ele sonegou como um avarento. Somos apenas dois na plataforma – o que faz aumentar o jeito perdido desta **estaçãozinha** do interior –, o trem deve chegar em cinco minutos e não tenho nenhuma vontade de partir. Menos ainda de partir sozinho. Não me sinto em forma. Realmente não. Tenho uma espécie de... tudo bem, lá vai: mau pressentimento.

Sarah K. *Criatura contra criador*. 2. ed. Tradução de Marcos Bagno. São Paulo: SM, 2016. p. 9.

a) Já no início do livro há um clima de mistério que perpassa toda a obra. Que elementos do trecho fazem referência a esse clima?

_____

_____

_____

_____

b) No primeiro parágrafo, o narrador confessa que para ele não há "nada mais desagradável do que o ronco de um **TGV** ou de um expresso". Veja abaixo a nota de rodapé apresentada no livro para explicar o que é um TGV.

> TGV: trem de grande velocidade; **trem-bala** francês, capaz de ultrapassar os 300 quilômetros por hora.

Sarah K. *Criatura contra criador*. 2. ed. Tradução de Marcos Bagno. São Paulo: SM, 2016. p. 9.

- A palavra *trem-bala*, em destaque no trecho acima, foi criada por qual processo de formação de palavras? Explique-o.

_____

_____

- Há uma informação que a nota não oferece: TGV corresponde à *Train a Grande Vitesse*, nome francês para "trem de alta velocidade". Sendo assim, **TGV** corresponde a que processo de formação de palavras? Explique-o.

_____

_____

c) Por meio do processo de derivação sufixal são formados substantivos, adjetivos, verbos e advérbios.

- No trecho apresentado, existem dois advérbios criados pelo processo de derivação sufixal. Quais são eles?

_____

- Qual foi o sufixo acrescentado para formar esses dois advérbios?

_____

d) Leia novamente o segundo parágrafo do trecho, com especial atenção para a palavra em destaque.

- A palavra *estaçãozinha* foi formada por qual processo? Justifique.

_____

_____

- O processo utilizado na palavra *estaçãozinha* cria o diminutivo da palavra *estação*. Na língua portuguesa, o diminutivo pode apresentar diversos efeitos de sentido, dependendo do contexto. Em sua opinião, qual é o efeito de sentido do emprego do diminutivo *estaçãozinha* nesse trecho?

_____

_____

_____

e) Agora observe novamente o primeiro parágrafo do trecho. As palavras em destaque nesse parágrafo foram formadas pelo mesmo processo de derivação? Justifique sua resposta.

_____

_____

_____

_____

9. A seguir, leia outro trecho do livro *Criatura contra criador*, que apresenta uma notícia de jornal importante para o desenvolvimento da narrativa.

> ### A **desconhecida** do Sena
>
> Na noite de 10 para 20 de agosto, um telefonema anônimo informou à polícia que havia um corpo flutuando no rio Sena, próximo da ponte Luís Filipe. Trata-se de uma jovem loira, com cerca de 1,65m de altura, entre 25 e 30 anos. Sua identidade permanece **desconhecida**. Quando a polícia a encontrou, ela tinha os braços cruzados sobre o peito, um sorriso gravado nos lábios pálidos.

Sarah K. *Criatura contra criador*. 2. ed. Tradução de Marcos Bagno. São Paulo: SM, 2016. p. 29.

a) Observe que a palavra *desconhecida* aparece em dois momentos no texto. Nas duas situações, ela pertence à mesma classe gramatical? Justifique.

_____

_____

b) Faça uma consulta à palavra *desconhecida* no dicionário. Nele, ela é categorizada em que classe gramatical?

_____

c) De acordo com as respostas dos itens anteriores, é possível afirmar que, no título, a palavra *desconhecida* passou por um processo de derivação. Qual seria ele? Justifique sua resposta.

_____

_____

10. Assinale a alternativa em que a palavra destacada se formou pelo processo de composição por aglutinação.

a) (   )

> Estudo com 10 mil usuários será **pontapé** inicial para melhorar serviço
>
> Disponível em: <https://www.campograndenews.com.br/cidades/capital/estudo-com-10-mil-usuarios-sera-pontape-inicial-para-melhorar-servico>. Acesso em: 14 maio 2019.

b) (   )

> Cachês milionários e sagas sem fim garantem **pé-de-meia** a atores da Marvel
>
> Disponível em: <https://cinema.uol.com.br/noticias/redacao/2015/04/23/filmes-da-marvel-garantem-carreira-solida-e-bem-sucedida-a-atores-e-atrizes.htm>. Acesso em: 14 maio 2019.

c) (   )

> Governo desiste de vetar calças jeans para acesso ao **Planalto**
>
> Disponível em: <https://www.metropoles.com/brasil/politica-br/governo-desiste-de-vetar-calcas-jeans-para-acesso-ao-planalto>. Acesso em: 14 maio 2019.

- As palavras em destaque nas demais alternativas se formaram por qual processo? Explique sua resposta.

_____

_____

11. A derivação parassintética corresponde ao processo de formação de palavras por derivação que se dá pelo acréscimo simultâneo de um prefixo e de um sufixo à palavra primitiva. Assinale a alternativa em que todas as palavras apresentadas foram formadas por derivação parassintética.

a) (   ) Esclarecer; empobrecer; aterrorizar; embarcar.
b) (   ) Embarcar; desrespeitoso; entardecer; imperdoável.
c) (   ) Aterrorizar; imperdoável; esclarecer; desrespeitoso.
d) (   ) Desvalorização; embarcar; entardecer; empobrecer.
e) (   ) Entardecer; esclarecer; desrespeitoso; desvalorização.
f) (   ) Esclarecer; empobrecer; desrespeitoso; imperdoável.

12. Assinale a opção em que todas as palavras se formam pelo mesmo processo.

a) (   ) Ajoelhar; antebraço; assinatura.
b) (   ) Atraso; embarque; pesca.
c) (   ) O jota; o sim; o tropeço.
d) (   ) Entrega; estupidez; sobreviver.
e) (   ) Antepor; exportação; sanguessuga.
f) (   ) Atraso; antepor; sobrevivente.

13. Agora, justifique as alternativas assinaladas nos itens das atividades **11** e **12**.

_____

_____

_____

_____

_____

_____

14. Observe o trecho da notícia a seguir.

> Lançada em 1959, a coletânea "Montevideanos" foi uma das primeiras obras a projetar o uruguaio Mario Benedetti (1920-2009) como um dos principais autores latino-americanos do século 20. [...]
>
> Disponível em: <http://www1.folha.uol.com.br/ilustrada/2016/12/1845083-coletanea-montevideanos-mostra-sutilezas-da-alma-uruguaia.shtml>. Acesso em: 14 maio 2019.

- Sobre o emprego das aspas no trecho acima, assinale a alternativa correta.
  - a) ( ) As aspas indicam uma citação.
  - b) ( ) As aspas indicam a ironia com que a palavra foi empregada.
  - c) ( ) As aspas indicam o título de uma obra literária.
  - d) ( ) As aspas indicam destaque.
  - e) ( ) As aspas indicam estrangeirismo.
  - f) ( ) As aspas indicam desconhecimento do autor sobre o significado da palavra.

15. Leia, a seguir, alguns trechos a respeito do livro *Coraline*, do escritor britânico Neil Gaiman, publicado pela Rocco em 2003.

> "A fábula criada por Gaiman é criativa, assustadora e eletrizante. Leitores jovens e adultos serão surpreendidos pelo livro."
>
> The Washington Post Book World
>
> "Arrepiante, com uma prosa muito bem lapidada, um cenário verdadeiramente estranho e uma história que mexe com seus medos mais incômodos."
>
> Times Educational Supplement
>
> "*Coraline* tem o horror delicado dos melhores contos de fada, é uma obra de arte."
>
> Terry Pratchett
>
> "Um livro magnificamente assustador, perfeito para crianças destemidas que amam uma história de arrepiar."
>
> Kirkus Reviews

> Disponível em: <https://www.rocco.com.br/livro/?cod=380>. Acesso em: 13 jun. 2017.

- A respeito do emprego das aspas nos trechos apresentados acima, julgue as afirmações a seguir e, depois, assinale a alternativa correta.

  I. As aspas foram empregadas para indicar uma citação, de modo a apresentar uma opinião sobre o livro.

  II. As aspas foram empregadas para indicar uma ironia e, ao mesmo tempo, criticar os livros.

  III. As aspas foram empregadas para indicar títulos de obras literárias que fazem referência ao livro *Coraline*.

  - a) ( ) Apenas I é verdadeira.
  - b) ( ) Apenas II é verdadeira.
  - c) ( ) Apenas III é verdadeira.
  - d) ( ) I, II e III são verdadeiras.
  - e) ( ) I e II são verdadeiras.
  - f) ( ) II e III são verdadeiras.
  - g) ( ) I e III são verdadeiras.

GÊNERO TEXTUAL

Conto psicológico

- O **conto psicológico** não apresenta uma série sucessiva de ações. Nele, o narrador busca revelar o mundo interior (pensamentos, sentimentos, sensações e memórias) das personagens.
- No texto, predomina o **tempo psicológico** (ou interior), mas também há referência ao tempo cronológico, que se fundamenta na sucessão dos fatos mensurados em minutos, horas, dias, etc.

Conto social

- Os **contos sociais** tratam de temas como as dificuldades dos grupos sociais menos favorecidos ou das minorias, denunciando injustiças sociais.
- As personagens não costumam ser individualizadas, pois o que importa não é mostrar o drama de um indivíduo, mas a realidade vivida pelo **grupo social** que ele representa.

▶ Praticando

1. Leia o trecho do conto psicológico a seguir, escrito em 1917 pela escritora inglesa Virginia Woolf (1882-1941).

Foi talvez em meados de janeiro do corrente ano que pela primeira vez olhei para cima e vi a marca na parede. Para fixar uma data é preciso lembrar o que se via. [...]

A marca era uma pequena marca redonda, negra contra a parede branca, dois palmos do console da lareira.

[...]

Com que rapidez os nossos pensamentos se atiram em cima de um novo objeto, dando-lhe importância por uns breves instantes, tal como as formigas, que carregam uma tira de palha com maior febre para largá-la logo em seguida... Se essa marca foi feita por um prego, não pode ter sido para um quadro, deve ter sido para um retrato em miniatura – o retrato de uma dama com cachos empoados, faces empastadas de pó e lábios como cravos rubros. Uma pista falsa, claro, porque as pessoas às quais esta casa pertenceu antes nos teriam escolhido quadros no mesmo estilo – um quadro antigo para uma sala antiga. Este é o tipo de pessoas que elas eram – pessoas muito interessantes, e penso nelas dessa maneira com tanta frequência, em lugares estranhos como este, porque nunca mais as veremos, nunca saberemos o que aconteceu depois. Queriam deixar esta casa porque queriam mudar seu estilo de móveis, assim disse ele, e estava ensaiando dizer que em sua opinião a arte deveria ter ideias que a sustentassem, quando fomos separados, tal como se é separado, ao se passar velozmente de trem por um lugar [...].

↑ Virginia Woolf representada em um selo postal do Reino Unido, em exposição na National Portrait Gallery, em Londres.

Virginia Woolf. A marca na parede. Em: *A arte da brevidade*: contos. Belo Horizonte: Autêntica, 2017. p. 9-11.

a) No trecho do conto, um fator externo é motivação para que o narrador divague em seus pensamentos e lembranças. Explique de que modo isso ocorre.

_____

_____

b) Identifique a marca de tempo cronológico nesse trecho e explique por que esse tempo é secundário no conto.

_____

_____

_____

c) Embora faça referência constante à marca na parede, tentando entendê-la, o narrador afirma que a importância de fatos como esse é breve. Identifique um trecho que comprove essa afirmação.

_____

_____

d) Com base nas respostas dadas nos itens anteriores, explique por que esse conto pode ser considerado psicológico.

_____

_____

2. Leia o seguinte excerto, do conto "O sapateiro e a força maligna", do escritor russo Anton Tchekhov (1860-1904):

> Era véspera de Natal. Maria havia muito tempo que roncava sobre a estufa; na lamparina, o querosene já queimara todo, mas Fiódor Nílov ainda continuava trabalhando. Por ele, há muito tempo que já teria largado o trabalho e saído para a rua, mas o freguês da travessa Kolokolni, que lhe encomendara biqueiras duas semanas atrás, viera ontem, reclamara e ordenara que terminasse as botas sem falta agora, antes das matinas.
> — Galés da vida! — resmungava Fiódor, trabalhando. — Uns há muito que já dormem, outros passeiam, mas tu, como um Caim qualquer, tens de ficar sentado, costurando para sabe o diabo quem...
> Para não adormecer por distração, sem querer, ele tirava a toda hora uma garrafa de sob a mesa e bebia do gargalo e, após cada gole, abanava a cabeça e dizia em voz alta:
> — Por que cargas-d'água, digam-me por gentileza, os fregueses passeiam e eu sou obrigado a costurar para eles? Só porque eles têm dinheiro [...]?
> [...] Apoiou a pesada cabeça sobre o punho e começou a pensar na sua pobreza, na vida penosa e sem esperanças, depois nos ricaços, nas suas grandes casas, carruagens, as notas de cem... [...]

Anton Tchekhov. O sapateiro e a força maligna. Em: *Um homem extraordinário e outras histórias*. Tradução de Tatiana Belinky. Porto Alegre: L&PM, 2010. p. 21-22.

↑ Escultura representando o escritor Anton Tchekhov, em Taganrog, na Rússia, em 2015.

a) Nesse trecho do conto, o narrador revela a insatisfação do sapateiro com o fato de estar trabalhando até tarde. Explique essa afirmação.

b) No trecho, o narrador retrata a oposição entre quais classes sociais? Explique de que forma essa representação enfatiza a crítica presente no texto.

c) No último parágrafo, são descritos alguns bens das pessoas ricas. Identifique-os e explique por que foram citados.

d) Com base nas respostas dadas nos itens anteriores, como esse conto poderia ser classificado: conto psicológico ou conto social? Explique.

3. Observe as informações a seguir e identifique a que tipo de conto elas se referem. Para isso, marque **(CP)** para conto psicológico e **(CS)** para conto social.

a) (   ) Convida o leitor a refletir sobre questões do seu íntimo, isto é, a aventurar-se dentro de si mesmo.

b) (   ) Prevalece o tempo psicológico, em detrimento do cronológico.

c) (   ) O foco não são as ações nem a descrição de espaços externos, e sim a investigação do mundo interior das personagens, em uma tentativa de mostrar os impulsos e os anseios comuns a todos os seres humanos.

d) (   ) Trata de temas como as mazelas sociais (desigualdade econômica, conflitos, guerras), muitas vezes denunciando injustiças.

e) (   ) As personagens apresentam características do grupo social a que pertencem.

f) (   ) O espaço interior não é só o lugar onde se passam os pensamentos, as emoções e as lembranças das personagens, mas também pode ser a relação que a personagem tem com um espaço físico, de acordo com o estado de espírito que experimenta em dado momento.

g) (   ) É frequente que as personagens não sejam individualizadas, pois o que importa não é mostrar o drama de um indivíduo, mas a realidade vivida pelo grupo que elas representam.

h) (   ) Os escritores deste tipo de conto procuram utilizar seus textos para promover reflexões sobre problemas sociais e para despertar a empatia dos leitores a respeito do tema.

i) (   ) O narrador traz profundidade para as personagens, pois revela suas memórias, sentimentos e pensamentos.

▶ Produzindo

Proposta

Agora é sua vez de produzir um conto social retratando o cotidiano de uma criança refugiada que vive no Brasil, de modo a denunciar a marginalização de alguns imigrantes. Ao final, a turma produzirá uma antologia de contos.

GÊNERO	PÚBLICO	OBJETIVO	CIRCULAÇÃO
Conto social	Colegas de classe e frequentadores da biblioteca escolar	Narrar uma história que provoque reflexões sobre a vida de crianças refugiadas	Sala de aula e biblioteca da escola

Planejamento e elaboração do texto

1. Faça pesquisas, em meios impressos e digitais, sobre grupos de refugiados que vivem no Brasil, para compreender melhor o assunto.

2. Construa a personagem principal, definindo suas características culturais e sociais.

3. Determine o foco narrativo da história, especificando se o narrador está próximo ou distante dos acontecimentos que envolvem a personagem principal.

4. Planeje a introdução, o conflito, o clímax e o desfecho da história.

5. Para sensibilizar o leitor, acrescente na história memórias da criança sobre seu local de origem e sobre os conflitos que viveu.

6. Tenha em mente que o drama vivido não é específico daquela personagem, mas de muitas crianças que também são refugiadas.

7. No final, leve os leitores a refletir sobre a realidade de crianças refugiadas.

Avaliação e reescrita do texto

1. Releia e avalie seu conto social, considerando as questões a seguir.

ELEMENTOS DO CONTO SOCIAL
O texto apresenta uma visão crítica sobre a questão dos refugiados?
Ao narrar a história, procurou-se sensibilizar os leitores para o assunto?
A ação central está ligada à história da personagem principal?
A personagem principal representa um grupo social?
O leitor do conto é levado a refletir sobre a realidade das crianças refugiadas?

2. Troque seu conto social com um colega e avalie-o com base nos critérios acima. Depois, reescreva e organize a versão definitiva do seu conto.

Circulação

1. Organizem-se em grupos para elaborar a antologia de contos sociais. Um grupo pode ficar responsável por elaborar um texto de apresentação do livro, outro, pela organização do sumário e um último, pela criação da capa.

2. Em seguida, disponibilizem uma cópia da antologia para a biblioteca da escola.

Crônica

- Em sua origem, no século XV, a **crônica** se constituía do relato de fatos verídicos, relacionados às atitudes dos reis e aos acontecimentos da corte, apresentados em ordem cronológica.
- O formato mais próximo do que conhecemos hoje como crônica, que é o de **gênero ligado ao jornal,** surgiu na primeira metade do século XIX.
- Inicialmente, a crônica publicada em jornal se assemelhava a um artigo sobre questões políticas, sociais, artísticas e literárias. Com o tempo, o caráter predominantemente argumentativo diminuiu e a crônica passou a manter um diálogo com o leitor e a tratar de temáticas cotidianas de forma amena.
- Aos poucos, a crônica ganhou leveza e, à medida que esse gênero assumiu o propósito de divertir, o humor foi se tornando mais constante nesses textos.
- Se no século XIX as crônicas começaram a ser produzidas para jornais e revistas, no século XX a efemeridade deu lugar ao *status* **literário**: em virtude de sua qualidade, as crônicas passaram a ser reunidas e publicadas em livros.
- O registro predominantemente informal e o texto fluente concorrem para atrair o leitor, por meio, inclusive, de uma temática com a qual o público se identifica, isto é, próxima das inquietações dele.

Vlog de opinião

- Um **canal de vídeos** pode veicular diversos gêneros, como entrevista, resenha, entre outros.
- Os vídeos em que o **vlogueiro** apresenta e discorre sobre seu ponto de vista a respeito de um tema cotidiano podem ser chamados de *vlogs* **de opinião**.
- Enquanto a escrita tem peculiaridades – como a ortografia, a acentuação e a pontuação –, a **oralidade**, marca do *vlog* de opinião, conta com entonação, pausa, gesticulação, expressão facial e tom de voz.

↑ Vlogueira gravando vídeo para postar na internet.

- As **pausas**, por exemplo, podem ser curtas, decorrentes do ritmo da frase, mas também podem ser mais longas e criar silêncios expressivos que causam certa expectativa no público
- A expressão facial, a gesticulação, o riso e o olhar contribuem para a atribuição de sentido ao texto verbal.
- Além disso, na **edição** pode-se acrescentar aos vídeos efeitos diversos, como cortes bruscos das imagens, inclusão de trilha sonora, uso de filtros em determinadas partes, distorção de voz, etc.
- O vlogueiro pode ser considerado um **formador de opinião**. A interação dele com o público é imediata: dá-se pelos comentários postados, pelo número de curtidas e de visualizações e também pelo retorno que recebe de seus seguidores nas redes sociais.

▶ Praticando

1. Leia o trecho da crônica a seguir e responda às questões.

> Toda terça-feira, assim que minhas mal traçadas linhas são publicadas na *Gazeta*, começa minha peregrinação mental em busca de um assunto decente para entreter o leitor dali a uma semana. Não é fácil. Diz o velho lugar-comum que a falta de assunto é o filé-mignon do cronista – é verdade, quando a crônica acerta o tom e consegue manter com algum estilo uma conversa fiada sobre coisa nenhuma, um malabarismo que, comigo, raramente acontece. Mas às vezes é o excesso de assuntos que atrapalha, coisas demais acontecendo ao mesmo tempo – minha cabeça dispersiva se perde neste mundo velho sem porteira.
>
> Cristovão Tezza. A química dos sentimentos. Em: *A máquina de caminhar*. Rio de Janeiro: Record, 2016. p. 111.

a) De acordo com o trecho, em que veículo esse cronista costuma publicar com regularidade suas crônicas?

_____

b) No trecho acima, que expressão foi empregada para indicar que a prática de escrever crônicas é rotineira?

_____

_____

c) Esse trecho apresenta um velho lugar-comum relacionado ao processo de criação dos cronistas. Qual é ele?

_____

_____

_____

2. Leia as afirmativas a seguir sobre o gênero crônica.

I. Em relação ao veículo de comunicação, as crônicas podem ser publicadas em livros, jornais, revistas e *sites* de internet.

II. Em sua origem, no século XV, a crônica se propunha a relatar fatos exclusivamente ficcionais, evitando tratar de temas do cotidiano da época.

III. Inicialmente, quando circulavam em jornais no século XIX, as crônicas eram predominantemente argumentativas e visavam discutir assuntos relacionados sobretudo à política, às artes e à literatura.

IV. Nela, o cronista procura estabelecer um diálogo com o leitor de modo que o texto tenha um tom leve para atrair o público.

V. Os assuntos tratados nas crônicas são extraídos de situações cotidianas.

VI. Uma das características frequentes nas crônicas é o humor.

VII. A crônica é um gênero que oscila entre a esfera jornalística e a literária.

- Sobre as afirmativas acima, estão corretas:
  - a) (   ) I, II e III.
  - b) (   ) I, III, IV e V.
  - c) (   ) II, III e IV.
  - d) (   ) III, IV, V, VI e VII.
  - e) (   ) I, III, IV, V, VI e VII.

3. Sobre o *vlog* de opinião, responda às questões.

a) Onde o *vlog* de opinião costuma ser veiculado?
___

b) Explique qual é a principal diferença entre a crônica e o *vlog* de opinião.
___
___

c) Por que um vlogueiro pode ser considerado um formador de opinião?
___
___
___

d) De que forma ocorre a interação entre o vlogueiro e o público? Que recursos estão disponíveis para que isso ocorra?
___
___
___

e) Ao apresentar sua produção, o vlogueiro pode utilizar diversos recursos não verbais. Indique alguns e explique a importância de empregá-los em um *vlog*.
___
___
___

f) Assinale a alternativa adequada sobre o uso da pausa em *vlogs* de opinião.
   ( ) É um marcador de natureza prosódica, assim como o tom de voz, e pode ser curta, decorrente do ritmo da frase, ou mais longa, criando silêncios que dão expressividade ao texto.
   ( ) É um marcador de natureza prosódica, assim como o tom de voz, e deve ser sempre curta, decorrente do ritmo da frase.
   ( ) É um marcador de natureza prosódica, assim como o tom de voz, e deve ser sempre longa, para evitar cansar o ouvinte.

▶ Produzindo

Proposta

Agora é sua vez de produzir uma crônica de modo a despertar a reflexão no leitor sobre um assunto cotidiano. Você pode tratar de assuntos como: o consumo desenfreado na sociedade atual, o excesso de aparelhos tecnológicos no dia a dia das crianças, a crescente onda de notícias falsas circulando pela internet, ou de outro assunto que desejar. Depois de prontas, as crônicas serão publicadas no *blog* da turma para que várias pessoas possam lê-las.

GÊNERO	PÚBLICO	OBJETIVO	CIRCULAÇÃO
Crônica	Comunidade escolar e internautas	Entreter, provocar reflexão	*Blog* da turma

Planejamento e elaboração do texto

1. Defina o assunto sobre o qual você vai tratar. Determine se você vai se basear em algo que leu ou em uma experiência vivenciada.

2. A crônica a ser produzida deve ter um aspecto argumentativo-expositivo. Ao abordar um assunto socialmente relevante, você pode dar exemplos de situações cotidianas que tenham acontecido com você ou com outras pessoas.

3. Exponha as reflexões e as emoções que o tema abordado desperta em você. Lembre--se de que é fundamental registrar seu ponto de vista sobre ele.

4. Defina se seu texto terá um teor mais poético, humorístico ou apenas reflexivo. Pense em como esses aspectos aparecerão no texto.

5. Dê um título coerente e sugestivo à sua crônica.

Avaliação e reescrita do texto

1. Releia e avalie sua crônica, considerando as questões apresentadas a seguir.

ELEMENTOS DA CRÔNICA
A crônica parte de um acontecimento cotidiano?
O tema desperta reflexão no leitor sobre o assunto tratado?
O texto apresenta o ponto de vista do cronista?
Um tom humorístico, poético ou reflexivo foi empregado?
O título é coerente com o texto e, ao mesmo tempo, sugestivo?

2. Troque sua crônica com um colega e avalie a dele com base nos critérios acima. Depois, reescreva a versão definitiva do seu texto, considerando a expressividade da linguagem e atentando para os efeitos de sentido e para a adequação à norma-padrão.

Circulação

1. Agora chegou o momento de compartilhar as crônicas! Combinem com o professor como será feita a postagem dos textos no *blog* da turma. Organizem a sequência em que eles serão publicados. Vocês podem colocar em ordem alfabética ou por assunto. É importante que as crônicas produzidas sejam editadas de modo organizado.

2. Após as crônicas terem sido publicadas, divulguem o *link* aos colegas e familiares. Acessem o *site*, se possível, com certa assiduidade para verificar se há comentários sobre os textos.

Crônica esportiva

- A **crônica esportiva** baseia-se em acontecimentos esportivos atuais, próximos ao momento de sua produção. No entanto, ela também pode retomar fatos distantes, quando eles têm relação com a ocorrência atual abordada.
- Além de abordar eventos pontuais, a crônica esportiva pode eleger como tema uma discussão ou polêmica mais abrangente que esteja em curso.
- Ela não precisa apresentar uma abordagem técnica, objetiva; o que se destaca nesse gênero é a **análise do cronista**.
- O caráter **subjetivo** com que o assunto é tratado fica evidenciado pelo destaque dado ao nome do cronista e ao ponto de vista explícito no texto.
- A crônica esportiva tem forte relação com o momento de produção, sendo publicada com regularidade no veículo em que circula.
- A regularidade de sua produção pode criar uma história de análises, de forma que uma crônica pode fazer referência a outra anterior, fidelizando o leitor.
- Como muitas das referências são conhecidas do leitor que acompanha o noticiário esportivo, elas podem ficar implícitas.
- A crônica esportiva pode apresentar registro mais **informal** que o de outros gêneros jornalísticos.
- O gênero apresenta, ainda, **marcas de primeira pessoa** ou expressões que identificam o cronista e revelam o caráter pessoal. O uso desses recursos linguísticos contribui para configurar o estilo do autor e criar um efeito de proximidade com o leitor.

Reportagem

- A **reportagem** é um texto jornalístico cujo objetivo é informar o público sobre determinado assunto com maior profundidade que a notícia.
- A reportagem não se restringe à divulgação de um fato novo, do interesse da comunidade, mas acrescenta ao fato o trabalho investigativo do repórter, que apura dados e confronta opiniões de pessoas envolvidas no assunto.
- Esse gênero de texto apresenta, portanto, diversos pontos de vista sobre um acontecimento, contribuindo, dessa maneira, para dar mais credibilidade ao que é relatado e para que o leitor forme sua própria opinião sobre o assunto.
- Assim como a crônica esportiva, a reportagem também é assinada.
- Esse gênero é veiculado em jornais impressos e audiovisuais, *blogs*, *sites*, rádio, entre outros.
- Na reportagem, embora perceba-se um tom mais **impessoal**, é possível notar a presença de um ponto de vista implícito sobre o tema.
- As reportagens costumam apresentar **recursos visuais**, como fotos, gráficos, infográficos e boxes. Esses recursos têm a função de resumir ou ampliar informações, facilitando a compreensão do assunto relatado.
- Uma etapa importante na produção de uma reportagem é a **apuração jornalística**. Durante a apuração, o repórter pesquisa e seleciona informações e verifica os dados obtidos para garantir a correção do que é informado.

▶ Praticando

1. Leia o texto e julgue os itens a seguir.

> **Los animales vuelven a atacar**
>
> Ia começar o quarto tempo do "Superclássico", entre Boca Juniors e River Plate, na Bombonera.
>
> A exemplo dos 90 minutos iniciais no Monumental de Nuñes, quando o River vencera por 1 a 0, o jogo era mais violento que jogado.
>
> Mas, na volta para os 45 minutos finais, com 0 a 0 no placar, torcedores do Boca jogaram gás de pimenta nos jogadores do River.
>
> Verdadeiros animales.
>
> Que, como sabemos, há por aqui como lá.
>
> O episódio, jamais desvendado, do gás jogado no vestiário do São Paulo em jogo no Parque Antarctica, em 2008, se parece com o da Bombonera.
>
> O pior é que pode virar moda, porque maus exemplos frutificam, apodrecidos, mas frutificam, como se sabe.
>
> Difícil imaginar que o Boca Juniors, queridinho da Conmebol, se livre de grave punição mais uma vez.
>
> Mas, lembremos que outros animais, disse animais, não animales, em Oruro, até mataram um garoto de 14 anos com um sinalizador.
>
> Esta é a Libertadores.
>
> Feita à imagem e semelhança dos nossos cartolas, dos que falam português e espanhol na América do Sul.
>
> A copa da impunidade.
>
> Cartolas e vândalos impunes estão matando o futebol deste lado do mundo, enquanto na Europa só floresce.
>
> O "Superclássico da Pimenta" entra para a história como tragédia.
>
> O jogo, depois de mais de uma hora de hesitação das autoridades, preocupadas com a reação de 50 mil pessoas na Bombonera, entre elas sabe-se lá quantos animales, foi suspenso.
>
> Não havia mesmo o que fazer.
>
> O River deve ser o próximo adversário do Cruzeiro.

↑ Torcida do Boca Juniors em frente ao estádio Bombonera, em Buenos Aires, na Argentina, em 2015.

Juca Kfouri. Los animales vuelven a atacar. UOL Esportes, 14 maio 2015. Disponível em: <http://blogdojuca.uol.com.br/2015/05/los-animales-vuelven-a-atacar/>. Acesso em: 16 maio 2019.

I. O trecho acima é uma reportagem, pois o autor apresenta uma análise dos fatos e expõe sua visão subjetiva sobre eles.

II. O trecho acima é uma crônica esportiva, pois o jornalista apresenta uma análise dos fatos e expõe sua visão subjetiva sobre eles.

III. O emprego das expressões "verdadeiros animales" e "o pior é que pode virar moda" caracteriza a subjetividade com que as informações são apresentadas.

IV. Expressões como "queridinho da Conmebol" caracterizam um tom mais informal na linguagem.

V. No texto, é possível perceber um teor crítico no posicionamento do autor sobre os fatos apresentados.

- Assinale a alternativa correta sobre as afirmações acima.
  a) ( ) II, III.
  b) ( ) I e II.
  c) ( ) III e V.
  d) ( ) I, III e V.
  e) ( ) II, III, IV e V.

2. Leia as características a seguir e identifique o gênero a que elas se referem, marcando **CE** para crônica esportiva, **R** para reportagem ou **CER** quando for uma característica comum aos dois gêneros.

a) (   ) É um texto que traz a opinião do autor, a qual deve estar fundamentada em informações verídicas e plausíveis.

b) (   ) Não se restringe à divulgação de um fato novo, do interesse da comunidade; antes acrescenta ao fato um trabalho investigativo do jornalista que resulta da apuração de dados e do confronto de opiniões de pessoas envolvidas na questão em foco.

c) (   ) É um texto que deve estar amparado em mais de uma fonte.

d) (   ) Utiliza marcas – explícitas e implícitas – que identificam o autor.

e) (   ) Configura-se como um texto mais impessoal.

f) (   ) Em sua produção, é comum o autor recorrer a entrevistas para obter dados.

g) (   ) É um texto assinado.

h) (   ) Tende a ter registro mais informal.

i) (   ) É frequente o uso de adjetivos, advérbios e verbos na primeira pessoa – recurso típico de textos mais subjetivos.

j) (   ) O autor não tem o compromisso de reproduzir os fatos com total imparcialidade; ele os apresenta de acordo com seu ponto de vista.

k) (   ) Faz uso de recursos visuais, como fotos e gráficos, para ampliar as informações que constam do texto verbal.

l) (   ) Não usa pronomes em primeira pessoa. Opta por recursos que reforçam a impessoalidade, como verbos na terceira pessoa.

m) (   ) Tal gênero apresenta caráter crítico, embora expresse impressões pessoais, criando uma proximidade com o leitor.

n) (   ) Apresenta a análise de um acontecimento.

o) (   ) Não precisa apresentar uma abordagem técnica, objetiva; o que se destaca nesse gênero é a análise, que pode ser realizada de forma espontânea, com extrema subjetividade.

p) (   ) Gênero em que se misturam jornalismo e literatura.

q) (   ) É um texto que exige pesquisa, detalhamento e ampliação do fato principal.

r) (   ) Costuma apresentar fontes de dados e afirmações de especialistas – marcas polifônicas que garantem ao texto consistência argumentativa.

s) (   ) A análise apresentada é mais objetiva e pode ser comprovada por fatos apurados por meio de pesquisas e entrevistas e sustentados por especialistas no assunto abordado.

▶ Produzindo

Proposta

Na página 79, você leu uma crônica esportiva sobre a violência entre as torcidas de futebol. Agora é sua vez de produzir uma crônica esportiva a respeito da intolerância nos estádios. Depois de pronto, seu texto será exposto em um mural na escola para que alunos, professores e funcionários possam apreciá-lo.

GÊNERO	PÚBLICO	OBJETIVO	CIRCULAÇÃO
Crônica esportiva	Comunidade escolar	Provocar reflexão sobre a intolerância praticada nos estádios de futebol	Mural da escola

Planejamento e elaboração do texto

1. Realize uma pesquisa em *sites*, jornais ou revistas sobre a intolerância das torcidas nos estádios de futebol. Selecione exemplos que retratem situações de intolerância ocorridas em estádios brasileiros.

2. Defina a posição que você vai assumir diante do assunto.

3. Reflita sobre as possíveis causas de situações como essa, ou seja, verifique se isso reflete algum outro problema social.

4. Faça referência a acontecimentos atuais ou do passado que possam ilustrar as situações sobre as quais você está se propondo a discutir.

5. Procure informações, como dados estatísticos, reportagens ou crônicas esportivas antigas sobre o tema, etc., que possam fundamentar a discussão e dar mais credibilidade ao ponto de vista defendido.

6. Se considerar pertinente, apresente uma proposta de como a situação da intolerância nos estádios pode ser combatida. Você pode pesquisar como outros países lidam com esse problema e quais medidas adotadas por eles foram bem-sucedidas.

7. Empregue, se julgar interessante, a primeira pessoa do singular.

8. Defina qual será o tom da sua crônica: descontraído ou sério? Defina também o registro de linguagem que você vai empregar. Lembre-se de que ele deve ser adequado ao público leitor.

9. Crie um título chamativo e coerente com sua crônica esportiva.

10. Agora, organize sistematicamente o que você planejou e escreva sua crônica esportiva.

Avaliação e reescrita do texto

1. Releia e avalie sua crônica esportiva, considerando os itens a seguir.

ELEMENTOS DA CRÔNICA ESPORTIVA
Seu posicionamento sobre o assunto está claro e coerente com as ideias apresentadas?
Foram apresentados exemplos concretos de situações que ilustrem suas ideias?
Foi feita uma análise crítica sobre o assunto?
A linguagem está adequada ao público a que se destina?
O título está chamativo e coerente?

2. Troque seu texto com um colega e avalie o texto dele com base nos critérios acima. Depois, reescreva sua crônica esportiva considerando suas observações e as do colega e organize a versão definitiva dela.

Circulação

1. Definam com o professor o melhor lugar para montar o mural com as crônicas esportivas da turma.

2. Reúnam as produções e organizem-nas para fixá-las no mural da escola.

3. Divulguem o mural para os professores, funcionários e demais colegas da escola para que eles possam ler as produções de vocês. Após algum tempo, procurem saber o que eles acharam dos textos.

Reportagem de divulgação científica

- As reportagens de divulgação científica costumam ter como autor um jornalista. Ainda que, algumas vezes, cientistas possam ser responsáveis por escrever reportagens desse gênero, eles precisam elaborar um texto que utilize recursos próprios do universo jornalístico para comunicar a informação ao leitor.
- Alguns exemplos de recursos próprios de textos jornalísticos utilizados neste gênero são: a citação de **dados** e de **opiniões de especialistas** no assunto tratado, o uso de um **título objetivo**, a presença de **olho** a fim de atrair a atenção do leitor para o texto, o uso de imagens seguidas de legenda, entre outros.
- A linguagem das reportagens de divulgação científica deve ser **precisa** e **objetiva**, mas também acessível a **leitores leigos**, não conhecedores do assunto.
- Para cumprir o objetivo de ser um texto acessível, a escolha do tipo de **registro linguístico** também constitui uma característica importante. Por isso, quando as reportagens de divulgação científica têm um objetivo maior de entreter, além de comunicar, é comum a opção pelo registro informal.
- É comum o uso da **3ª pessoa**, para tornar o texto mais **impessoal**.
- Muitas **reportagens de divulgação científica** são acompanhadas de imagens que se articulam ao texto escrito. As **imagens** acrescentam informações, complementando os textos ou permitindo visualizar algo já dito.
- Os **recursos visuais**, em reportagens de divulgação científica, têm, em geral, uma função didática, pois procuram **facilitar o entendimento** do leitor ou **resumir** uma parte do texto.

Infográfico

- O **infográfico** é um gênero que faz uso das linguagens verbal e não verbal.
- O objetivo da comunhão de textos verbal e imagético, que ocorre no infográfico, é explicar conceitos e procedimentos de forma mais atrativa e compreensiva para o leitor.
- Na infografia, as **linguagens verbal e não verbal** são interdependentes, ou seja, é preciso considerar os recursos gráficos e os enunciados verbais para compreender o texto em sua totalidade.
- Esse gênero pode ser tratado de maneira mais artística. Nesse caso, a **imagem** desperta no leitor o interesse em saber como o texto e a imagem se complementam e o que ambos estão querendo dizer.
- A parte verbal do infográfico é constituída por **blocos curtos de texto escrito**.
- Geralmente, as frases são **curtas** e na ordem **direta**.
- A **voz verbal** é empregada de acordo com a **intencionalidade** dos autores.
- A parte **não verbal** pode ser constituída de desenhos, esquemas, gráficos, fotografias, e pode explorar cores, tipos de letra, entre outros recursos visuais.
- Infográficos podem acompanhar outros gêneros textuais, uma vez que seu objetivo é assimilar e organizar informações sobre temas variados.

▶ Praticando

1. Leia o trecho a seguir.

   ### A Caatinga e suas aves

   Quando se ouve a palavra "Caatinga", acredito que, para a maioria das pessoas que não a conhece, as primeiras imagens que vêm à mente são tristes cenas de seca, de esqueletos e carcaças de gado ardendo ao sol, de açudes sem água e de um povo pobre, sofrido e faminto. Sim, essas cenas ocorrem, uma vez que a Caatinga se situa em uma região semiárida, onde chove pouco (média pluviométrica anual varia de 240 a 1.500 mm, com 50% da região recebendo menos que 750 mm e em algumas áreas centrais, menos que 500 mm) e o regime de chuvas não é regular, havendo longos períodos de estiagem, às vezes por mais de um ano, o que castiga as populações locais. No entanto, conhecendo um pouco mais a Caatinga, se descobre que há o outro lado da moeda: bastam as primeiras chuvas, no início do período chuvoso, que a paisagem se transforma radicalmente, ficando, então, difícil imaginar que toda a exuberância verde da vegetação desse período, preenchida pela intensa movimentação e sons dos animais que ali vivem, possa um dia desaparecer com a seca, que chegará, invariavelmente, nos próximos meses. [...]

   ↑ Bioma Caatinga, na Região Nordeste brasileira.

   Em meio à extrema variação sazonal, há uma rica fauna, ainda subestimada por ser pouco conhecida em sua totalidade e pelas grandes lacunas de conhecimento sobre sua distribuição, adaptações e interações ecológicas. Com as aves esta situação não é diferente – de todos os biomas brasileiros, a Caatinga ainda é a que tem sua avifauna menos estudada. Até o início da década passada, 510 espécies foram reportadas em todo o bioma, das quais cerca de 350 ocorrem na vegetação de Caatinga. No entanto, uma investigação mais recente, a partir de novos estudos e registros, resultou em uma riqueza de 596 espécies de aves apenas na porção baiana do bioma Caatinga! [...] Recentes avaliações promovidas pelo Instituto Chico Mendes de Conservação da Biodiversidade (ICMBio) identificaram 16 espécies da Caatinga categorizadas em algum grau de ameaça de extinção: duas consideradas criticamente ameaçadas de extinção (a tiriba-de-peito-cinza e o soldadinho-do-araripe), nove em perigo e cinco vulneráveis. [...]

   Caio Graco Machado. A Caatinga e suas aves. Revista *Com Ciência*, Unicamp, 10 jun. 2013. Disponível em: <http://www.comciencia.br/comciencia/handler.php?section=8&edicao=89&id=1087>. Acesso em: 16 maio 2019.

   - Marque a única alternativa **incorreta** sobre o gênero textual acima.

   a) (   ) O trecho é extraído de uma reportagem de divulgação científica, pois esclarece um tema científico a pessoas leigas, no caso o tema é a Caatinga e a existência – pouco conhecida – de aves nessa região.

   b) (   ) No trecho, há expressões mais informais e subjetivas como: "gado ardendo ao sol" e "se descobre que há o outro lado da moeda".

   c) (   ) O texto apresenta recursos próprios da reportagem, como os dados numéricos e informações obtidas a partir de instituições, mas constitui uma reportagem de divulgação científica.

   d) (   ) O trecho é um artigo de opinião, pois o autor defende sua tese sobre o assunto com argumentos baseados em dados numéricos.

2. Leia os itens a seguir sobre o gênero reportagem de divulgação científica e marque verdadeiro (**V**) ou falso (**F**).

a) (   ) Não é, necessariamente, um texto elaborado por especialistas.

b) (   ) Pode estar acompanhado de imagens para facilitar o entendimento do leitor.

c) (   ) Apresenta uma função didática, pois esclarece um tema científico a pessoas leigas, não conhecedoras do assunto.

d) (   ) Procura adequar sua linguagem a um leitor específico.

e) (   ) Apresenta vocábulos específicos do tema científico abordado no texto.

f) (   ) Costuma ter linguagem mais objetiva, quando tem o intuito de entreter.

g) (   ) Apresenta palavras e expressões de duplo sentido e subjetividade.

h) (   ) O leitor consulta este tipo de texto para pesquisar e se tornar especialista no assunto abordado.

i) (   ) Para ter um caráter mais objetivo, apresenta analogias e comparações com elementos do cotidiano.

j) (   ) Pode acrescentar informações por meio de fotografias, recursos gráficos e/ou ilustrações.

k) (   ) Pode usar recursos variados, como depoimentos de especialistas no assunto e emprego de expressões de duplo sentido.

l) (   ) Apresenta informações gerais sobre um assunto e pode privilegiar um aspecto relacionado a ele, como origem, história, finalidade, processo de produção, etc.

m) (   ) As imagens presentes em reportagens de divulgação científica são acompanhadas de legendas para exemplificar e complementar as informações apresentadas no texto.

3. Com base no que você estudou sobre o infográfico, explique as principais características desse gênero.

_____

_____

_____

_____

_____

_____

_____

▶ Produzindo

Proposta

Agora é sua vez de produzir uma reportagem de divulgação científica com base em uma descoberta científica recente. Os textos finalizados deverão ser divulgados no *blog* da turma ou da escola.

GÊNERO	PÚBLICO	OBJETIVO	CIRCULAÇÃO
Reportagem de divulgação científica	Comunidade escolar, familiares e amigos	Informar e entreter sobre uma descoberta científica recente	Publicação no *blog* da turma

Planejamento e elaboração do texto

1. Pesquise, em *sites*, revistas ou *blogs* relacionados à divulgação de pesquisas científicas, um assunto que seja de seu interesse e que trate de descobertas científicas recentes.

2. Definido o assunto sobre o qual você vai tratar, realize outras pesquisas sobre ele para se aprofundar no tema.

3. Faça esquemas, resumos e sínteses dos materiais coletados para compreender a importância e os desafios envolvidos nessa descoberta científica.

4. Faça um "esqueleto" do texto, de modo a organizar como será a introdução, o desenvolvimento e a conclusão de sua reportagem.

5. Em seguida, selecione as informações que podem aparecer em cada parte de seu texto, como dados numéricos e declarações de autoridades no assunto.

6. Seria interessante citar trechos de textos de pesquisas sobre o assunto para dar mais credibilidade às informações apresentadas. No entanto, não basta citá-los, é preciso analisá-los e contextualizá-los.

7. Verifique a necessidade de expor algumas informações por meio de recursos visuais, como fotos, mapas, gráficos ou tabelas.

8. No caso de utilizar imagens, lembre-se de criar legendas coerentes com o assunto. Além disso, defina a posição que elas ocuparão no texto.

9. Produza a primeira versão da sua reportagem de divulgação científica levando em consideração que é preciso organizar as informações de modo que fiquem claras para o leitor. Para isso, é fundamental apresentá-las progressivamente e utilizar uma linguagem acessível.

10. Dê um título atraente para sua reportagem de divulgação científica.

Avaliação e reescrita do texto

1. Releia e avalie sua reportagem de divulgação científica considerando as questões a seguir.

ELEMENTOS DA REPORTAGEM DE DIVULGAÇÃO CIENTÍFICA
O texto segue a estrutura de uma reportagem de divulgação científica?
O texto trata de uma descoberta científica recente?
A linguagem do seu texto está acessível a leitores não especialistas no assunto?
Os dados foram apresentados de forma coerente e seguindo uma progressão de ideias?
Foram apresentadas informações por meio de recursos visuais?
Os recursos visuais têm legenda clara e objetiva?
Há dados numéricos e citações de autoridades no assunto abordado? Eles ajudam a embasar e dar mais credibilidade ao texto?

2. Troque seu texto com um colega e avalie o dele com base nos critérios acima. Depois, reescreva seu texto e organize a versão definitiva para publicação.

Circulação

1. Combinem com o professor a melhor estratégia para organizar e realizar a publicação dos textos no *blog* da escola.

2. Lembrem-se de divulgar o *link* aos colegas, professores e familiares, para que acessem o *blog* e conheçam as produções da turma.

Roteiro de TV e roteiro de cinema

- Assim como o texto dramático, produzido para o teatro, o **roteiro**, produzido para a TV ou para o cinema, é destinado à **encenação**.
- O roteiro é uma etapa essencial das produções audiovisuais, pois ele dá direção à estruturação das cenas, que, posteriormente, serão organizadas pela edição e darão origem a um produto final.
- As imagens devem ser apresentadas no roteiro da forma o mais semelhante possível às que vão aparecer no produto audiovisual, seja ele um programa de TV ou um filme a ser exibido no cinema. Para isso, é preciso planejar a ordem de tudo que irá integrar o roteiro: os acontecimentos narrados, os diálogos e as rubricas.
- Para dar conta dessa organização, existem diversos **recursos**.
    - O primeiro recurso de organização é a **divisão das cenas**. Por meio das cenas, o roteiro apresenta trechos narrativos e descritivos, articulados às falas das personagens em discurso direto.
    - A **rubrica** é outro recurso de organização do roteiro. Além de trazer informações sobre a sonoplastia, a iluminação, o cenário e o figurino, é utilizada para indicar a intenção da personagem ao dizer a fala (rubrica de intenção) ou para descrever uma ação que ela realiza enquanto fala (rubrica de ação simultânea).

- O **roteiro** pode apresentar-se de duas formas, de acordo com o leitor a que se destina:
    - O **roteiro literário** destina-se ao leitor que deseja apreciar a história; por isso, contém apenas os diálogos e as rubricas necessárias para a compreensão de cada cena. Como texto literário, o roteiro pode explorar **recursos estilísticos** que lhe conferem um **caráter poético**.
    - O **roteiro técnico**, por sua vez, destina-se às pessoas envolvidas na produção ou na direção de uma novela, de um filme ou de um programa de TV. Por conta disso, além dos diálogos e da descrição das cenas, apresenta orientações técnicas relativas a cenário, iluminação, interpretação, etc.

▶ Praticando

1. Leia as afirmações sobre as características de um roteiro e classifique-as em verdadeiras (V) ou falsas (F).
    a) (   ) Um roteiro técnico contém apenas diálogos e rubricas, para que o leitor compreenda e aprecie as cenas apresentadas.
    b) (   ) Um roteiro técnico não é necessariamente dividido em cenas.
    c) (   ) Um roteiro literário contém orientações específicas em relação aos seguintes aspectos: iluminação, cenário e interpretação dos atores.
    d) (   ) Um recurso de organização de um roteiro é a existência de rubricas.
    e) (   ) As rubricas podem informar sobre a iluminação, o cenário e o figurino.

2. Leia o trecho a seguir, retirado do roteiro do filme *As melhores coisas do mundo* (2010), dirigido por Laís Bodanzki.

[...] SEQ. 10

DIA / EXT. / RUA – LADEIRA + ESCADARIA DO PROFESSOR DE VIOLÃO

Mano sobe uma ladeira e depois carrega a bicicleta numa escadaria da cidade com violão nas costas.

SEQ. 11

DIA / INT. / APARTAMENTO DO PROFESSOR DE VIOLÃO

Mano toca campainha em frente à porta de apartamento.

Marcelo, professor de violão, abre a porta com cara um pouco azeda.

MARCELO

Você tá atrasado de novo.

Marcelo entra, deixando a porta aberta. Mano entra atrás. Corta.

Mano faz exercício de violão. Dedilha com raiva. Professor (Marcelo, 28 anos) olha com fisionomia visivelmente irritada. Marcelo tira o violão da mão de Mano.

MARCELO

Você tá agredindo o violão.

Marcelo encara Mano analisando-o. Mano estranha o olhar dele.

Marcelo pega o próprio violão, que está ao lado, e coloca no colo.

MARCELO

Que tá rolando?

MANO

Nada.

MARCELO

Não quer falar, não fala. (começa a dedilhar uma canção triste)

Marcelo toca um trecho de uma canção triste. Dá o violão de Mano de volta para ele.

MARCELO

Trata bem. É teu melhor amigo. [...]

Luiz Bolognesi (Roteirista). *As melhores coisas do mundo*. São Paulo: Imprensa Oficial, 2010. p. 36-38. Disponível em: <https://www.tertulianarrativa.com/roteirosnacionais>. Acesso em: 16 maio 2019.

a) Que características de um roteiro estão presentes nesse trecho?

_____

_____

_____

b) O trecho apresentado é dividido em duas sequências (10 e 11). Por que ele não poderia ser escrito em apenas uma sequência?

_____

_____

c) No trecho "Marcelo entra, deixando a porta aberta. Mano entra atrás. Corta.", o que a palavra *corta* indica? A quem essa informação é destinada?

_____

_____

3. Leia as afirmações a seguir.

I. É importante que, em um roteiro, os diálogos apareçam da forma o mais semelhante possível aos que aparecerão no filme.

II. Em um roteiro técnico, é indispensável a identificação da locação das filmagens, se serão internas ou externas e se serão gravadas durante o dia ou durante a noite.

III. Um roteiro publicado em livro destina-se ao leitor que deseja apreciar a história, e não à equipe técnica.

IV. A narração "em *off*", com a qual é possível saber o que uma personagem está pensando, é característica de todo programa de TV.

V. O roteiro técnico é destinado apenas aos atores. O restante da equipe técnica não precisa ter acesso às informações presentes nele.

VI. A organização de todas as informações é um dos elementos fundamentais em um roteiro.

VII. A linguagem do roteiro literário, publicado em livro, pode apresentar um caráter poético.

VIII. O texto dramático, produzido para o teatro, destina-se à encenação, diferentemente do roteiro produzido para a TV ou para o cinema.

- Em relação às afirmações acima, qual alternativa está correta?

a) (   ) Todas as afirmações estão corretas.

b) (   ) Apenas as afirmações I, III e IV estão incorretas.

c) (   ) Apenas as afirmações II, III e VI estão corretas.

d) (   ) Apenas as afirmações II, VI e IV estão incorretas.

e) (   ) Apenas as afirmações IV, V e VIII estão incorretas.

▶ Produzindo

Proposta

Agora é sua vez de produzir uma cena de um roteiro de cinema. Como você já sabe, o roteiro pode apresentar-se de duas formas, de acordo com o leitor que pretende atingir:

- roteiro literário, destinado ao leitor que apenas deseja apreciar a história.

- roteiro técnico, destinado aos profissionais envolvidos com a filmagem do roteiro.

Com isso em mente, o roteiro produzido por você deve ser técnico, ou seja, deve contemplar informações destinadas a quem pretende filmá-lo. Além de descrever a cena e escrever os diálogos que fazem parte dela, você também deverá incluir informações e orientações técnicas relativas a cenário, iluminação, interpretação, etc.

Após revisados e finalizados, os roteiros serão organizados em um mural na escola para que os colegas possam conhecer as produções da turma.

GÊNERO	PÚBLICO	OBJETIVO	CIRCULAÇÃO
Roteiro de cinema	Comunidade escolar	Orientar a produção cinematográfica de uma cena de filme	Mural na escola

Planejamento e elaboração do texto

1. Antes de iniciar a sua produção, procure fazer um exercício: assista a uma cena de seu filme predileto. Procure imaginar como essa cena foi roteirizada. Se necessário, retome o texto da atividade **2** e observe a estrutura dele como exemplo. Essa prática pode ajudar na produção do seu roteiro!

2. Em seguida, procure levantar algumas informações que possam nortear o roteiro que você vai escrever, como:
   - Quem são as personagens da cena?
   - Quais são os diálogos entre elas?
   - Quais são as emoções das personagens ao dizer cada fala?
   - Em que momento do dia a cena se passa?
   - O ambiente da cena é externo ou interno?
   - Existe alguma informação técnica – relacionada à iluminação ou ao enquadramento da câmera – que precisa ser mencionada no roteiro a fim de orientar as filmagens?

3. Escreva todas as indicações para a cena, especificando local, efeitos sonoros, efeitos visuais, entre outras informações que julgar importantes.

4. Indique as falas das personagens de forma direta e, se necessário, empregue o recurso das falas "em *off*".

5. Inclua rubricas para indicar acontecimentos na cena, entonação e gestos.

Avaliação e reescrita do texto

1. Releia e avalie a cena de roteiro de cinema escrita por você, considerando as questões apresentadas a seguir.

ELEMENTOS DO ROTEIRO DE FILME
A cena foi introduzida por uma indicação especificando o local, o período do dia e se as tomadas de cena são externas ou internas?
O nome das personagens foi apresentado?
As falas das personagens foram apresentadas por meio de diálogos?
As rubricas estão coerentes com as falas?
Além dos diálogos, existe uma descrição da cena?
O roteiro está organizado de maneira a ser compreendido tanto pelos atores quanto pelos outros membros da equipe técnica?

2. Troque seu texto com um colega e avalie o dele com base nos critérios acima.

3. Depois, reescreva seu texto, organizando a versão definitiva dele.

Circulação

1. Organizem os textos no mural e convidem os colegas de outras turmas para conhecer as produções de vocês.

2. Promovam uma roda de conversa sobre o que acharam mais difícil e mais interessante nessa produção.

3. Por fim, conversem sobre a possibilidade de organizar uma equipe de filmagem para produzir o audiovisual de alguns roteiros selecionados pela turma. A filmagem pode ser feita com uma câmera de celular e muita criatividade!

Artigo de opinião

- Em um **artigo de opinião** são utilizados argumentos para defender uma posição e convencer o leitor a aderir a ela.
- O **articulista** – autor do artigo de opinião – precisa apresentar **argumentos consistentes**.
- Uma das possibilidades de organizar a argumentação é indicar uma relação de causa e consequência com base em determinado fato.

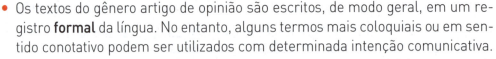

- Para construir a argumentação, é importante utilizar argumentos de autoridade, resultados de pesquisas, dados numéricos, estatísticas, entre outros.
- Os textos do gênero artigo de opinião são escritos, de modo geral, em um registro **formal** da língua. No entanto, alguns termos mais coloquiais ou em sentido conotativo podem ser utilizados com determinada intenção comunicativa.
- Em artigos de opinião é comum haver uma premissa, na qual é apresentada a **tese inicial**. É com base nessa tese que são desenvolvidos os **argumentos** e/ou **contra-argumentos**, de forma a auxiliar na construção coerente de uma **conclusão**, momento em que a tese inicial é reforçada ou reformulada, de acordo com os argumentos e os contra-argumentos apresentados.
- O artigo de opinião geralmente é acompanhado por informações sobre a atuação e/ou a formação do articulista, de modo a legitimar a argumentação proposta e o ponto de vista defendido.
- De acordo com o que o público leitor espera, o articulista disponibiliza, muitas vezes, informações relacionadas ao assunto tratado.
- O artigo de opinião pode ser escrito em **primeira pessoa**, do singular ou do plural, pois expressa o ponto de vista do autor que o assina.

Lei

- O texto de uma **lei** expressa **obrigatoriedade**. Para cumprir esse objetivo de forma clara, ele possui **estrutura fixa**, formada por uma parte preliminar, uma parte normativa e uma parte final.
    - A **parte preliminar** é composta de: **epígrafe** (indica o número da lei e a data em que ela foi sancionada), **ementa** ou **rubrica** (apresenta, de forma resumida e clara, o conteúdo da lei) e **preâmbulo** (indica a autoridade que decreta e a que sanciona a lei).
    - A **parte normativa** é dividida em **capítulos**, **seções** e **subseções**, os quais são compostos de artigos. O **artigo** é a subseção básica da lei e é indicado pela abreviação Art. seguida de numeral ordinal ou cardinal. Ele organiza-se em: **parágrafo** (indicado pelo símbolo § seguido de um numeral; quando é único, indica-se "parágrafo único"), **inciso** (indicado por algarismo romano), **alínea** (indicada por letra) e **item** (indicado por numeral cardinal).

- A **parte final** determina a **implementação da lei**. Nela, há a assinatura das autoridades competentes e a indicação de quando e onde ela foi protocolada.

- Toda lei é publicada na íntegra no *Diário Oficial*, um jornal oficial que divulga leis e atos dos poderes Legislativo, Judiciário e Executivo. Contudo, é comum que os cidadãos se informem sobre as mudanças na legislação em notícias e reportagens.

- A linguagem impessoal e generalista, própria ao objetivo da lei, destaca o que se deve fazer (**prescrição**) e o que não se deve fazer (**interdição**).

▶ Praticando

1. Explique com que intenção um artigo de opinião é produzido.

_____

_____

2. Com que intenção os argumentos são empregados no artigo de opinião? Assinale.

a) (   ) Expor os fatos, sem a pretensão de analisá-los.

b) (   ) Defender um ponto de vista e convencer o leitor a aderir a ele.

c) (   ) Informar e atualizar o leitor sobre um assunto contemporâneo.

d) (   ) Relatar uma situação cotidiana.

3. Geralmente, um artigo de opinião é introduzido por meio da apresentação de uma tese.

a) Com que objetivo uma tese é apresentada em um artigo?

_____

_____

b) Para reforçar e validar a tese, que tipos de argumentos podem ser empregados?

_____

_____

_____

4. Quando o artigo de opinião apresenta a formação ou área de atuação do autor, com que intenção isso é feito?

_____

_____

5. Um artigo de opinião poder ser escrito em primeira pessoa do singular ou do plural. Qual é o efeito do uso da primeira pessoa do plural em um artigo?

_____

_____

6. Em um artigo de opinião, costuma-se empregar o registro formal ou o informal?

_____

_____

7. Sobre o gênero artigo de opinião, assinale **(V)** para as afirmações verdadeiras e **(F)** para as falsas.

a) ( ) O artigo de opinião não pode ser escrito em primeira pessoa do singular ou do plural.

b) ( ) Um dos recursos utilizados para fundamentar a argumentação em artigos de opinião é a utilização de citação de autoridades no assunto tratado. Esse recurso auxilia na adesão do leitor a um determinado ponto de vista, legitimando a ideia defendida pelo articulista.

c) ( ) O articulista precisa apresentar argumentos consistentes. Indicar uma relação de causa e consequência, a partir de determinado fato ou acontecimento, configura-se uma possibilidade de organizar a argumentação. Essa maneira de argumentar, no entanto, não enfatiza a abordagem lógica do tema tratado.

d) ( ) De acordo com o que o público leitor espera, o articulista disponibiliza informações sobre o assunto tratado. Em geral, leitores de artigos de opinião são pessoas que costumam ler determinado jornal, revista, etc. e estão, de certa forma, bem informadas sobre assuntos em pauta na sociedade.

8. Leia o fragmento de lei a seguir.

> ### LEI Nº 13.055, DE 25 DE JUNHO DE 2014.
>
> Aprova o Plano Nacional de Educação – PNE e dá outras providências.
>
> A PRESIDENTA DA REPÚBLICA Faço saber que o Congresso Nacional decreta e eu sanciono a seguinte Lei:
>
> Art. 1º É aprovado o Plano Nacional de Educação – PNE, com vigência por 10 (dez) anos [...].
>
> Art. 2º São diretrizes do PNE:
>
> I – erradicação do analfabetismo;
>
> II – universalização do atendimento escolar;
>
> III – superação das desigualdades educacionais, com ênfase na promoção da cidadania e na erradicação de todas as formas de discriminação;
>
> IV – melhoria da qualidade da educação;
>
> V – formação para o trabalho e para a cidadania, com ênfase nos valores morais e éticos em que se fundamenta a sociedade;
>
> VI – promoção do princípio da gestão democrática da educação pública;
>
> VII – promoção humanística, científica, cultural e tecnológica do País;
>
> VIII – estabelecimento de meta de aplicação de recursos públicos em educação como proporção do Produto Interno Bruto – PIB [...].
>
> IX – valorização dos(as) profissionais da educação;
>
> X – promoção dos princípios do respeito aos direitos humanos, à diversidade e à sustentabilidade socioambiental. [...]

Lei nº 13.055. Disponível em: <http://www.planalto.gov.br/ccivil_03/_Ato2011-2014/2014/Lei/L13005.htm>. Acesso em: 15 mar. 2019.

- Assinale as alternativas corretas.

a) ( ) A sanção da lei foi feita pela então presidenta da República.

b) ( ) A lei refere-se apenas a alguns estados do país.

c) ( ) A lei aprova o Plano Nacional de Educação.

d) ( ) O fragmento apresenta apenas a epígrafe e a ementa da lei.

e) ( ) Todas as leis, incluindo esta, são publicadas, na íntegra, no *Diário Oficial*.

▶ Produzindo

Proposta

Você estudou as características de um artigo de opinião. Agora, você vai produzir um artigo sobre o seguinte assunto: Qual é a importância das propostas do Acordo de Paris (2015) e de que forma isso pode contribuir para o meio ambiente? Posteriormente, você e os colegas publicarão os artigos em um mural na escola.

GÊNERO	PÚBLICO	OBJETIVO	CIRCULAÇÃO
Artigo de opinião	Comunidade escolar	Argumentar em defesa da importância do Acordo de Paris (2015)	Mural na escola

Planejamento e elaboração do texto

1. Pesquise sobre o Acordo de Paris para aprofundar seus conhecimentos sobre ele.

2. Faça anotações de citações de autoridades sobre a importância desse acordo mundial, registre dados estatísticos que corroborem para comprovar o impacto do acordo para o clima e, também, selecione outras informações que julgar necessárias.

3. No início do texto, deixe clara sua posição sobre o assunto e, ao longo do artigo, apresente estratégias argumentativas diversificadas, a fim de validar sua tese.

4. Se necessário, no desenvolvimento de seu texto, empregue contra-argumentos para invalidar posicionamentos contrários ao seu.

5. Na conclusão, retome as principais ideias apresentadas em seu artigo para comprovar sua tese e demonstrar coerência com o restante do texto.

6. Crie um título coerente e chamativo para seu artigo.

Avaliação e reescrita do texto

1. Releia e avalie seu artigo de opinião, considerando as questões apresentadas a seguir.

ELEMENTOS DO ARTIGO DE OPINIÃO
Seu posicionamento sobre o assunto está claro e coerente com as ideias apresentadas?
Foram utilizadas diversas estratégias argumentativas?
Os argumentos apresentados contribuem para validar sua tese?
O registro está adequado à situação comunicativa?
O título está chamativo e coerente?

2. Troque seu artigo com um colega e avalie o dele com base nos critérios acima. Depois, reescreva seu texto e organize a versão definitiva dele.

Circulação

1. Com o apoio da coordenação e da direção da escola, definam o melhor lugar para montar o mural com os artigos da turma.

2. Organizem as produções para afixá-las no mural.

3. Convidem os colegas da escola para ler as produções de vocês.

Resenha crítica

- A **resenha crítica** organiza-se em torno de uma opinião sobre um produto cultural: livro, filme, exposição de arte, CD, peça teatral, etc.
- A resenha crítica é um gênero argumentativo publicado em jornais, revistas ou *sites*, apresentando ao leitor **informações técnicas** e uma **avaliação crítica** sobre o produto cultural analisado.
- Os textos desse gênero organizam-se segundo uma estrutura comum a outros gêneros argumentativos.
- A finalidade da **argumentação**, nas resenhas críticas, é justificar a avaliação que se faz do produto cultural analisado, quer seja uma avaliação positiva, quer seja negativa.
- Nas resenhas críticas, o autor apresenta sua **avaliação final** sobre o produto cultural em análise, algumas vezes apenas reafirmando o que já foi apresentado, outras vezes acrescentando algum elemento novo.
- Quanto à linguagem, a resenha pode ser mais ou menos subjetiva, mais ou menos formal.
- O recurso de tornar o discurso impessoal é uma estratégia discursiva e argumentativa e pode ser utilizado em situações em que é importante manter alguma distância em relação ao assunto sobre o qual se discute.
- Nas resenhas literárias, teatrais, musicais, etc., é comum o uso de **termos técnicos** da teoria da literatura, do teatro, da música, da dança, porque o crítico que faz a resenha costuma ser especialista na área sobre a qual se propôs a escrever.

▶ Praticando

1. Leia uma resenha sobre um documentário brasileiro.

Tampinhas de garrafas, retalhos, pedras, cordas, galhos, barro. Tudo serve para criar e viajar na imaginação. É o que mostra *Território do brincar*, documentário de David Reeks e Renata Meirelles, em parceria com o Instituto Alana.

Durante dois anos, os cineastas percorreram o Brasil para mostrar como brincam as crianças. Em grupos ou sozinhas, elas labutam: são cozinheiras, motoristas, engenheiras, caçadoras, construtoras, cuidadoras.

Na tela, só meninos e meninas; adultos ficam de fora. A câmara acompanha a construção de caminhões com restos de madeira e corda. Jangadas são feitas de isopor e pano. Casas de lençol abrigam cozinhas de bolos de terra. Engenhocas surgem de peças achadas em entulhos.

Com exceção de um grupo que joga no que parece ser um condomínio de casas com ruas asfaltadas, os protagonistas [correm] soltos por quintais, matas, praias e mangues. Muitos estão de pés descalços e saltam sem medo aparente.

Para deixar apavorados pais superprotetores, as crianças do documentário usam facas, tesouras, facões, machados e fogo na fabricação de seus brinquedos. Muitas vezes, a empreitada não dá certo: o barco vira, o carrinho perde a roda, a geringonça descola, a casa literalmente cai.

Ninguém se desespera por isso: constrói de novo, faz amarração reforçada, costura mais folgado, busca mais equilíbrio para a coisa. Em turmas, eles combatem numa guerra de pipas, saem mascarados apavorando a vizinhança, perseguem bandidos, improvisam armadilhas, caçam passarinho, contam histórias de terror.

O filme revela um mundo muito diferente dos parquinhos emborrachados e protegidos, dos brinquedos eletrônicos, das bonecas tecnológicas, da televisão e do celular. Nada disso aparece. Estranhamente, a sempre onipresente bola de futebol não é vista. Cachorrinhos de estimação tampouco.

Privilegiando o registro de comunidades mais pobres e afastadas do burburinho e do consumismo das metrópoles, o documentário é uma viagem lúdica. Resgata formas de brincar criativas, jeitos de antigamente que se perpetuam. A música inovadora e primorosa do Uakti aprimora a costura das imagens.

Céticos podem ver na fita uma atmosfera exageradamente rósea e livre de violência, impossível de ser reproduzida nos prédios onde cresce a maioria da gurizada de hoje. Pode ser. Mas vale conhecer essa expedição pelo Brasil, que acompanhou mais de uma centena de crianças.

Num mangue, a diversão é catar bichinhos e colocá-los numa garrafa de plástico. Quando o garoto consegue capturar mais um, exibe o feito e proclama: "Aqui tem tudo!". Deve ser bom.

TERRITÓRIO DO BRINCAR
DIREÇÃO Renata Meirelles, David Reeks
PRODUÇÃO Brasil, 2014, livre
AVALIAÇÃO bom

Eleonora de Lucena. Documentário mostra crianças brasileiras que ainda brincam sem celular e eletrônicos. *Folha de S.Paulo*, 3 jun. 2015. Disponível em: <http://www1.folha.uol.com.br/ilustrada/2015/06/1637375-documentario-mostra-criancas-brasileiras-que-ainda-brincam-sem-celular-e-eletronicos.shtml>. Acesso em: 17 maio 2019.

a) Você já assistiu a esse documentário? Caso ainda não o tenha visto, a resenha despertou seu interesse? Comente.

_____

_____

_____

b) Onde foi publicada essa resenha crítica?

_____

_____

c) Do que trata o documentário resenhado?

_____

_____

d) A autora da resenha faz uma avaliação positiva ou negativa do documentário? Cite dois trechos do texto para justificar sua resposta.

_____

_____

_____

_____

_____

2. Considerando as características do gênero resenha crítica, assinale (**V**) para as afirmativas verdadeiras e (**F**) para as falsas.

a) (   ) A resenha crítica é um gênero argumentativo que circula em jornais, revistas ou *sites*.

b) (   ) Esse gênero textual apresenta ao leitor informações técnicas e uma avaliação crítica sobre um produto cultural: livro, filme, CD, etc.

c) (   ) A resenha crítica, embora seja um gênero argumentativo, também pode conter sequências descritivas.

d) (   ) A linguagem empregada nesse gênero textual é sempre formal e técnica.

e) (   ) A resenha crítica destaca somente as qualidades da obra analisada, de maneira a não depreciar o trabalho feito.

f) (   ) Em um gênero argumentativo como a resenha, comparações não costumam ser utilizadas como recurso para sustentar a argumentação.

g) (   ) Em resenhas críticas, não se utilizam perguntas, como ocorre em outros gêneros, a fim de se estabelecer certa proximidade com o leitor.

h) (   ) Em uma resenha crítica, não convém empregar adjetivos de sentido muito amplo, como *bacana*, *legal*, *chato*, etc., porque eles podem não ser esclarecedores para o leitor.

i) (   ) A resenha crítica pode apresentar a estrutura tese-desenvolvimento-conclusão, que não é comum em outros gêneros argumentativos.

j) (   ) Uma das finalidades de uma resenha crítica é ajudar o público leitor a decidir se deseja ou não ler determinado livro, assistir a certo filme ou consumir qualquer outro produto cultural.

k) (   ) Uma resenha também pode ser lida por outros motivos, como a curiosidade do leitor, por exemplo, sobre o que um jornalista pensa do estilo de um determinado autor.

3. Agora, reescreva as alternativas incorretas assinaladas na atividade anterior, de modo a corrigi-las.

▶ Produzindo

Proposta

Agora é sua vez de produzir uma resenha crítica de um filme. Sua resenha será publicada no *blog* da turma.

GÊNERO	PÚBLICO	OBJETIVO	CIRCULAÇÃO
Resenha crítica	Usuários da internet	Posicionar-se criticamente sobre um filme	*Blog* da turma

Planejamento e elaboração do texto

1. Escolha um filme de que tenha gostado muito ou do qual não tenha gostado.

2. Anote, com detalhes, suas impressões positivas ou negativas sobre o filme. Organize, se possível, uma coluna para os aspectos positivos e uma coluna para os aspectos negativos em relação ao filme visto.

3. Registre o que você observou sobre o desempenho dos atores, o figurino, a trilha sonora, o cenário, entre outros elementos que achar necessário comentar.

4. Se desejar, estabeleça comparações entre o filme escolhido e um outro do mesmo diretor. Esse procedimento não só enriquece sua resenha como também faz com que o leitor perceba você como um autor cuidadoso e criterioso.

5. Deixe claras suas impressões, empregando palavras e expressões subjetivas.

6. Ao criar o título, antecipe o conteúdo da resenha e dê indicação sobre a opinião que foi defendida nela.

Avaliação e reescrita do texto

1. Releia e avalie sua resenha crítica, considerando as questões apresentadas a seguir.

ELEMENTOS DA RESENHA CRÍTICA
Foram apresentadas suas impressões sobre o filme?
Informações como o desempenho dos atores, o figurino, a trilha sonora e o cenário foram incluídas?
As comparações realizadas estão claras para o leitor?
O título antecipa o posicionamento sobre o filme?

2. Troque seu texto com um colega e avalie a produção dele com base nos critérios acima. Depois, reescreva sua resenha crítica e organize a versão definitiva dela.

Circulação

1. Combinem com o professor o melhor dia para publicar os textos no *blog* da escola.

2. Divulguem o *link* para seus amigos e familiares, a fim de que acessem o *blog* e conheçam as produções de vocês.

3. Para obter uma divulgação mais ampla e atingir um número maior de pessoas, vocês podem postar o *link* do *blog* em redes sociais.

4. Após a publicação das resenhas, acessem o *site* periodicamente para ver se há comentários dos internautas e responder a eles.

Anúncio publicitário e anúncio de propaganda

- O **anúncio publicitário** tem como finalidade persuadir o público a **adquirir um produto ou um serviço**. Geralmente, é veiculado na televisão, no rádio, em revistas, jornais, redes sociais, etc.

- O **anúncio de propaganda** também é um gênero veiculado em diversos meios, inclusive na mídia digital, e sua finalidade é **defender uma causa ou uma ideia, obter adeptos para uma ideologia**, entre outros objetivos.

- A **estrutura** dos gêneros anúncio publicitário e de propaganda é normalmente composta de quatro elementos: **imagem**, **texto verbal principal**, **assinatura ou logotipo** e *slogan*. Contudo, essa estrutura não é rígida. Existem variações que se relacionam com a estratégia de comunicação escolhida pelo anunciante.

- Uma campanha publicitária é dirigida a determinado grupo de pessoas com perfil semelhante. Esse segmento é chamado de **público-alvo**.

- A escolha dos **meios de comunicação** (*site*, televisão, revista, jornal, *outdoor*, etc.) e do **veículo** (*blog* de moda, jornal de economia, revista científica, etc.) relaciona-se com o público-alvo. Por exemplo, se a mensagem de um produto for dirigida a corredores, a campanha pode ser feita em revistas sobre esportes. Os publicitários, portanto, pensam na circulação dos veículos de comunicação na hora de planejar suas estratégias persuasivas.

- O *briefing* é um documento com todas as informações e orientações necessárias para a elaboração de um trabalho ou criação de uma campanha publicitária. Essas diretrizes também podem ser apresentadas em uma reunião, conhecida como reunião de *briefing*.

- Outro momento importante para a criação de um anúncio é o *brainstorming*, uma técnica de discussão em que os profissionais se reúnem para levantar o maior número possível de ideias em torno de um tema, a fim de encontrar o caminho mais adequado ao objetivo de divulgar um produto ou uma mensagem.

- No anúncio publicitário e de propaganda, a **sonoridade** e a **pluralidade de significados** de uma palavra, expressão ou frase são bastante exploradas para a construção de sentidos. Outra característica do texto verbal nesses gêneros é o uso de **períodos curtos** e de formas verbais no **imperativo**.

- Os **textos argumentativos**, como o anúncio publicitário e o anúncio de propaganda, caracterizam-se pela defesa de uma ideia, um ponto de vista, uma opinião sobre determinado assunto.

- O objetivo desses textos é **convencer o interlocutor** sobre um ponto de vista. Para isso, são apresentados argumentos. O raciocínio lógico e a exposição de razões e fatos contribuem para sustentar a posição. A argumentação no anúncio costuma ficar implícita no texto escrito e nas imagens que o compõem.

- A publicidade e a propaganda também utilizam **estratégias** para atingir o objetivo pretendido, que é conquistar o público-alvo.

- Há dois tipos principais de estratégias: as de **convencimento**, que são caracterizadas pela razão e pela objetividade, e as de **persuasão**, que apelam à emoção e à sensibilidade do público. O primeiro tipo apela à consciência do interlocutor, e o segundo visa motivar o interlocutor.

▶ Praticando

1. Observe a seguir uma fotografia da cidade de Nova York.

↑ Times Square, Nova York, em 2013.

a) A fotografia acima mostra uma rua com diversos *outdoors*. O que costuma ser veiculado neles?
_____
_____

b) Com que intenção esses *outdoors* são fixados em vias públicas como essa?
_____
_____

2. Duas etapas importantes da produção de um anúncio é o *briefing* e o *brainstorming*. Explique a diferença entre esses dois conceitos.
_____
_____
_____
_____
_____

3. Para convencer o leitor, nos anúncios tanto de publicidade quanto de propaganda, costumam ser empregadas estratégias argumentativas de convencimento e persuasão. O que caracteriza essas estratégias?

_____
_____
_____

4. Considerando as características do anúncio publicitário e do anúncio de propaganda, leia as afirmações a seguir.

   I. Publicidade e propaganda são termos de áreas tão próximas que podem ser considerados sinônimos.

   II. Os anúncios de publicidade e de propaganda são compostos de imagem, texto verbal principal, assinatura ou logotipo e *slogan*. Não se trata de gêneros flexíveis, ou seja, não comportam variações em sua estrutura.

↑ Profissionais realizando um *brainstorming*.

   III. Os anúncios de propaganda, em geral, buscam mobilizar o leitor pela emoção. As propagandas têm como finalidade defender uma ideia ou divulgar uma causa e, com isso, conseguir adeptos.

   IV. A forma como as palavras se organizam no espaço e interagem com as imagens pode fazer com que elas adquiram novos sentidos. Esse é mais um recurso da linguagem poética empregada nas peças de propaganda.

   V. Para a propaganda, basta alcançar a concordância do leitor, porque o convencimento, que se atinge por argumentos lógicos e racionais, muitas vezes já é suficiente para alcançar o objetivo pretendido.

   VI. O grupo de pessoas que uma propaganda ou uma campanha pretendem atingir constitui seu público-alvo. Essas pessoas são identificadas por alguma característica em comum: região onde moram, idade, sexo, poder aquisitivo, atividade profissional, interesses, etc.

   VII. A publicidade é uma forma de comunicação voltada à divulgação de produtos e serviços; está vinculada com o modo de produção capitalista, o mercado e a cultura de consumo; sua finalidade é promover a venda do que é anunciado ou fortalecer a marca do anunciante.

   • Sobre os itens acima, estão corretas apenas as afirmações:
      a) ( ) I e II.
      b) ( ) I e III.
      c) ( ) II e IV.
      d) ( ) II, III e V.
      e) ( ) III, IV, VI e VII.

▶ Produzindo

Proposta

Agora você vai produzir, com três colegas, um anúncio de propaganda a fim de promover uma campanha do agasalho na escola e no bairro onde ela se localiza.

GÊNERO	PÚBLICO	OBJETIVO	CIRCULAÇÃO
Anúncio de propaganda	Comunidade escolar e residentes do bairro em que a escola está inserida	Convencer as pessoas da importância de ajudar quem precisa	Escola e estabelecimentos comerciais do bairro

Planejamento e elaboração do texto

1. Antes de iniciar a produção do anúncio, reúna-se com seus colegas de grupo para realizar um *brainstorming*. Para isso, anotem todas as ideias que surgirem sobre o tema da Campanha do agasalho. Após esse exercício, elejam a melhor ideia e comecem a dar forma a ela.

2. Pensem em argumentos convincentes para apresentar em seu anúncio e levar o público-alvo a colaborar com a campanha.

3. Pesquisem imagens para compor a parte não verbal do anúncio. Elas devem estar relacionadas com o tema da campanha e com a ideia escolhida durante o *brainstorming*.

4. Desenvolvam um *slogan* criativo. Para isso, usem uma frase chamativa, de fácil memorização, e empreguem a linguagem figurada. É importante que o *slogan* dialogue com o conteúdo do anúncio.

5. Como a campanha será sobre doação de agasalho, indiquem os estabelecimentos onde as pessoas podem deixar as doações, o horário e a data limite da doação.

6. Inventem um logotipo para a instituição que está promovendo a campanha.

Avaliação e reescrita do texto

1. Releiam e avaliem o anúncio criado, considerando as questões a seguir.

ELEMENTOS DO ANÚNCIO DE PROPAGANDA
Foram apresentados argumentos convincentes para que os leitores doem agasalhos?
O *slogan* e o logotipo da instituição anunciante foram apresentados?
Informações como o local de coleta foram especificadas?
As imagens do anúncio são atrativas e convincentes?
As linguagens verbal e não verbal estão articuladas com intenção persuasiva?
O anúncio de propaganda está adequado ao público-alvo?

2. Troquem com outro grupo o anúncio que vocês elaboraram e avaliem o trabalho dos colegas com base nos critérios acima. Depois, reescrevam o anúncio de vocês e organizem a versão definitiva dele.

Circulação

1. Fixem os anúncios na escola e em alguns estabelecimentos comerciais do bairro. O segredo de uma boa campanha é o alcance dela.

2. Disponibilizem caixas nos pontos de entrega das doações. Colem na frente das caixas o título da campanha para que as pessoas possam identificar do que se trata.

DE OLHO NAS AVALIAÇÕES

1. (PUC-SP)

APELO

Amanhã faz um mês que a Senhora está longe de casa. Primeiros dias, para dizer a verdade, não senti falta, bom chegar tarde, esquecido na conversa da esquina. Não foi ausência por uma semana: o batom ainda no lenço, o prato na mesa por engano, a imagem de relance no espelho.

Com os dias, Senhora, o leite pela primeira vez coalhou. A notícia de sua perda veio aos poucos: a pilha de jornais ali no chão, ninguém os guardou debaixo da escada. Toda a casa era um corredor deserto, e até o canário ficou mudo. Para não dar parte de fraco, ah, Senhora, fui beber com os amigos. Uma hora da noite eles se iam e eu ficava só, sem o perdão de sua presença a todas as aflições do dia, como a última luz na varanda.

E comecei a sentir falta das primeiras brigas por causa do tempero na salada – o meu jeito de querer bem. Acaso é saudade, Senhora? Às suas violetas, na janela, não lhes poupei água e elas murcham. Não tenho botão na camisa, calço a meia furada. Que fim levou o saca-rolhas? Nenhum de nós sabe, sem a Senhora, conversar com os outros: bocas raivosas mastigando. Venha para casa, Senhora, por favor.

Dalton Trevisan. Em: Alfredo Bosi (Org.). O conto brasileiro contemporâneo. São Paulo: Cultrix, 1997. p. 190.

Sobre a subordinação, relembre: é a construção sintática em que uma oração determinante, e pois subordinada, se articula com outra, determinada por ela e principal em relação a ela. (Mattoso Câmara Jr. Dicionário de Filologia e Gramática. Rio de Janeiro: J. Ozon, 1971. p. 362.) Em seguida, assinale a alternativa correta.

a) Em "Para não dar parte de fraco, ah, Senhora, fui beber com os amigos." – se estabelece uma relação de meio e fim.

b) Em "Amanhã faz um mês que a Senhora está longe de casa." – a subordinação se dá entre o verbo *faz* e seu complemento verbal *que a Senhora está longe de casa*.

c) Em "Uma hora da noite eles se iam e eu ficava só, ..." – a relação de subordinação expressa a ideia de adição consecutiva.

d) Em "Nenhum de nós sabe, sem a Senhora, conversar com os outros: bocas raivosas mastigando." – a subordinação se dá entre o verbo *sabe* e seu sujeito representado pela oração reduzida de infinitivo *conversar com os outros*.

e) Em "E comecei a sentir falta das primeiras brigas por causa do tempero na salada – o meu jeito de querer bem." – se estabelece uma relação de condição-condicionado.

2. (Ufam)

Assinale a opção em que o período é composto por coordenação e subordinação:

a) Não faças a outrem o que não queres que te façam.

b) Quem mais grita é quem menos tem razão.

c) Comentam que ele não ata nem desata.

d) Ou fazes bem os deveres ou serás reprovado.

e) Por valente que seja, há de sentir algum medo.

3. (UEL-PR)

XXXVII

Porém já cinco sóis eram passados
Que dali nos partíramos, cortando
Os mares nunca de outrem navegados,
Prosperamente os ventos assoprando,
Quando ua noite, estando descuidados
Na cortadora proa vigiando,
Ua nuvem, que os ares escurece,
Sobre nossas cabeças aparece.

XXXVIII

Tão temerosa vinha e carregada,
Que pôs nos corações um grande medo.
Bramindo, o negro mar de longe brada,
Como se desse em vão nalgum rochedo
— "Ó Potestade — disse — sublimada,
Que ameaço divino ou que segredo
Este clima e este mar nos apresenta,
Que mor cousa parece que tormenta?"

Luís Vaz de Camões. *Os Lusíadas.* 4. ed. Porto: Editorial Domingos Barreira, s. d. p. 332.

Com base no segundo verso da estrofe XXXVIII, considere as afirmativas a seguir.

I. O "que" substitui "nuvem", termo presente no penúltimo verso da estrofe anterior.

II. O "que" é um conectivo com valor de consequência das situações apresentadas no verso anterior.

III. A expressão "um grande medo" é complemento da forma verbal "pôs".

IV. O agente da forma verbal "pôs" é "nuvem", termo omitido neste verso.

• Estão corretas apenas as afirmativas:

a) I e II.

b) I e III.

c) III e IV.

d) I, II e IV.

e) II, III e IV.

4. (Fuvest-SP)

No período: "Era tal a serenidade da tarde, que se percebia o sino de uma freguesia distante, dobrando a finados.", a segunda oração é

a) subordinada adverbial causal.

b) subordinada adverbial consecutiva.

c) subordinada adverbial concessiva.

d) subordinada adverbial comparativa.

e) subordinada adverbial subjetiva.

5. (Ibmec-SP)

A busca da felicidade

Ser feliz é provavelmente o maior desejo de todo ser humano. Na prática, ninguém sabe definir direito a palavra felicidade. Mas todos sabem exatamente o que ela significa. Nos últimos tempos, psicólogos, neurocientistas e filósofos têm voltado sua atenção de modo sistemático para esse tema que sempre fascinou, intrigou e desafiou a humanidade.

As últimas conclusões a que eles chegaram são o tema de uma densa reportagem escrita pelo redator-chefe de ÉPOCA, David Cohen, em parceria com a editora Aida Veiga. O texto, conduzido com uma dose incomum de bom humor, inteligência e perspicácia, contradiz várias noções normalmente tidas como verdade pela maior parte das pessoas. A felicidade, ao contrário do que parece, não é mais fácil para os belos e ricos.

A maioria dos prazeres ao alcance daqueles que possuem mais beleza ou riqueza tem, segundo as pesquisas, um impacto de curtíssima duração. Depois de usufruí-los, as pessoas retornam a seu nível básico de satisfação com a vida. Por isso, tanta gente parece feliz à toa, enquanto tantos outros não perdem uma oportunidade de reclamar da existência.

Mesmo quem passa por experiências de impacto decisivo, como ganhar na loteria ou perder uma perna, costuma voltar a seu estado natural de satisfação. Seria então a felicidade um dado da natureza, determinado exclusivamente pelo que vem inscrito na carga genética? De acordo com os estudos, não é bem assim. Muitas práticas vêm tendo sua eficácia comprovada para tornar a vida mais feliz: ter amigos, ter atividades que exijam concentração e dedicação completas, exercer o controle sobre a própria vida, ter um sentido de gratidão para com as coisas ou pessoas boas que apareçam, cuidar da saúde, amar e ser amado. Uma das descobertas mais fascinantes dos pesquisadores é que parece não adiantar nada ir atrás de todas as conquistas que, segundo julgamos, nos farão mais felizes. Pelo contrário, é o fato de sermos mais felizes que nos ajuda a conquistar o que desejamos.

Nada disso quer dizer que os cientistas tenham descoberto a fórmula mágica nem que tenha se tornado fácil descobrir a própria felicidade. Olhando aqui de fora, até que David e Aida parecem felizes com o resultado do trabalho que fizeram. Agora, é esperar que esse resultado também ajude você a se tornar mais feliz.

Hélio Gurovitz. Revista *Época*, São Paulo, Globo, n. 412, p. 6, 10 abr. 2006.

Assinale o período composto por oração subordinada substantiva objetiva direta.

a) "Mesmo quem passa por experiências de impacto decisivo, como ganhar na loteria ou perder uma perna, costuma voltar a seu estado natural de satisfação."

b) "Por isso, tanta gente parece feliz à toa, enquanto tantos outros não perdem uma oportunidade de reclamar da existência."

c) "O texto, conduzido com uma dose incomum de bom humor, inteligência e perspicácia, contradiz várias noções normalmente tidas como verdade pela maior parte das pessoas."

d) "Ser feliz é provavelmente o maior desejo de todo ser humano."

e) "Nada disso quer dizer que os cientistas tenham descoberto a fórmula mágica..."

6. (Cásper Líbero-SP)

Em "esse processo ocorre não apenas no Brasil e na América Latina, mas também em escala internacional", a série "não apenas... mas também" exprime valor de

a) oposição.

b) alternativa.

c) comparação.

d) adição.

e) concessão.

7. (Faap-SP)

Texto I

Minha terra tem palmeiras
Onde canta o sabiá;
As aves que aqui gorjeiam,
Não gorjeiam como lá.

Gonçalves Dias.

Texto II

Minha terra tem macieiras da Califórnia
onde cantam gaturamos de Veneza.
Os poetas da minha terra
são pretos que vivem em torres de ametista,
os sargentos do exército são monistas, cubistas,
os filósofos são polacos vendendo a prestações.
A gente não pode dormir
com os oradores e os pernilongos.
Os sururus em família têm por testemunha a Gioconda.
Eu morro sufocado
em terra estrangeira.
Nossas flores são mais bonitas
nossas frutas mais gostosas
mas custam cem mil réis a dúzia.
Ai quem me dera chupar uma carambola de verdade
e ouvir um sabiá com certidão de idade!

Murilo Mendes.

"As aves **que** aqui gorjeiam...". O pronome em destaque é relativo; vem no lugar de *aves* e exerce a função sintática de

a) sujeito.

b) objeto direto.

c) objeto indireto.

d) complemento nominal.

e) agente da passiva.

8. (Fatec-SP)

Assinale a alternativa que completa corretamente as três frases que se seguem.

O século _____ vivemos tem trazido grandes transformações ao planeta. O ministro reafirma a informação _____ o presidente se referiu em seu último pronunciamento. Todos lamentavam a morte do editor _____ publicou obras importantes do Modernismo.

a) onde – a que – que

b) onde – a que – cujo

c) em que – que – o cujo

d) em que – a que – que

e) em que – de que – o qual

105

9. (FGV-SP)

Assinale a alternativa em que, incorretamente, se usou ou se deixou de usar uma preposição antes do pronome relativo.

a) A rua que eu moro não é asfaltada.

b) Ernesto, de cujos olhos parecia saírem raios de fogo, manifestou-se violentamente.

c) Soçobrou o navio que se dirigia a Barcelona.

d) O cachorro a que você deveria dar isso pertence ao vizinho do 43.

e) Era o repouso por que esperávamos quando regressamos de Roma.

10. (Faap-SP)

Dario vinha apressado, o guarda-chuva no braço esquerdo e, assim que dobrou a esquina, diminuiu o passo até parar, encostando-se à parede de uma casa. Foi escorregando por ela, de costas, sentou-se na calçada, ainda úmida da chuva, e descansou no chão o cachimbo.

Dois ou três passantes rodearam-no, indagando se não estava se sentindo bem. Dario abriu a boca, moveu os lábios, mas não se ouviu resposta. Um senhor gordo, de branco, sugeriu que ele devia sofrer de ataque.

Estendeu-se mais um pouco, deitado agora na calçada, o cachimbo a seu lado tinha apagado. Um rapaz de bigode pediu ao grupo que se afastasse, deixando-o respirar. E abriu-lhe o paletó, o colarinho, a gravata e a cinta. Quando lhe retiraram os sapatos, Dario roncou pela garganta e um fio de espuma saiu do canto da boca.

Cada pessoa que chegava se punha na ponta dos pés, embora não pudesse ver. Os moradores da rua conversavam de uma porta à outra, as crianças foram acordadas e vieram de pijama às janelas. O senhor gordo repetia que Dario sentara-se na calçada, soprando ainda a fumaça do cachimbo e encostando o guarda-chuva na parede. Mas não se via guarda-chuva ou cachimbo ao lado dele.

Uma velhinha de cabeça grisalha gritou que Dario estava morrendo. Um grupo transportou-o na direção do táxi estacionado na esquina. Já tinha introduzido no carro metade do corpo, quando o motorista protestou: se ele morresse na viagem? A turba concordou em chamar a ambulância. Dario foi conduzido de volta e encostado à parede – não tinha os sapatos e o alfinete de pérola na gravata.

Dalton Trevisan.

"(1) Cada pessoa / (2) que chegava, / (1) se punha na ponta dos pés, / (3) embora não pudesse ver."

Há no texto três orações, e estão numeradas. A segunda – **que chegava** – é uma oração subordinada

a) substantiva subjetiva.

b) substantiva objetiva direta.

c) adverbial causal.

d) adverbial final.

e) adjetiva.

11. (FGV-SP)

A oração sublinhada funciona como sujeito do verbo da oração principal em:

a) Não queria **que José fizesse nenhum mal ao garoto**.

b) Não interessa **se o trem solta fumaça ou não**.

c) As principais ações dependiam **de que os componentes do grupo tomassem a iniciativa**.

d) Era uma vez um sapo **que não comia moscas**.

e) Nossas esperanças eram **que a viatura pudesse voltar a tempo de sair atrás do bandido**.

12. (Fuvest-SP)

Já na segurança da calçada, e passando por um trecho em obras que atravanca nossos passos, lanço à queima-roupa:

— Você conhece alguma cidade mais feia do que São Paulo?

— Agora você me pegou, retruca, rindo. Hã, deixa eu ver... Lembro-me de La Paz, a capital da Bolívia, que me pareceu bem feia. Dizem que Bogotá é muito feiosa também, mas não a conheço. Bem, São Paulo, no geral, é feia, mas as pessoas têm uma disposição para o trabalho aqui, uma vibração empreendedora, que dá uma feição muito particular à cidade. Acordar cedo em São Paulo e ver as pessoas saindo para trabalhar é algo que me toca. Acho emocionante ver a garra dessa gente.

R. Moraes e R. Linsker. Estrangeiros em casa: uma caminhada pela selva urbana de São Paulo.
National Geographic Brasil. Adaptado.

No terceiro parágrafo do texto, a expressão que indica, de modo mais evidente, o distanciamento social do segundo interlocutor em relação às pessoas a que se refere é

a) "disposição para o trabalho".

b) "vibração empreendedora".

c) "feição muito particular".

d) "saindo para trabalhar".

e) "dessa gente".

13. (Faap-SP)

Bailado Russo

A mão firme e ligeira
puxou com força a fieira:
e o pião
fez uma elipse tonta
no ar e fincou a ponta
no chão.

É o pião com sete listas
de cores imprevistas.
Porém,
nas suas voltas doudas,
não mostra as cores todas
que tem:

– fica todo cinzento,
no ardente movimento...
E até
parece estar parado,
teso, paralisado,
de pé.

Mas gira. Até que, aos poucos,
em torvelins tão loucos
assim,
já tonto, bamboleia,
e bambo, cambaleia...
[...]

Guilherme de Almeida.

"O pião parece estar parado mas gira". Começando o período pela segunda oração, sem prejuízo do sentido, escreveríamos:

a) O pião gira, porque parece estar parado.

b) O pião gira, quando parece estar parado.

c) O pião gira, embora pareça estar parado.

d) O pião gira, desde que pareça estar parado.

e) O pião gira, para que pareça estar parado.

14. (UFTM-MG)

Daqui em diante trataremos o nosso memorando pelo seu nome de batismo: não nos ocorre se já dissemos que ele tinha o nome do pai; mas se o não dissemos, fique agora dito. E para que se possa saber quando falamos do pai e quando do filho, daremos a este o nome de Leonardo, e acrescentaremos o apelido de Pataca, já muito vulgarizado nesse tempo, quando quisermos tratar daquele. Leonardo havia pois chegado à época em que os rapazes começam a notar que o seu coração palpita mais forte e mais apressado, em certas ocasiões, quando se encontra com certa pessoa, com quem, sem saber por que, se sonha umas poucas de noites seguidas, e cujo nome se acode continuamente a fazer cócegas nos lábios. Já dissemos que D. Maria tinha agora em casa sua sobrinha; o compadre, como a própria D. Maria lhe pedira, continuou a visitá-la, e nessas visitas passavam longo tempo em conversas particulares. Leonardo acompanhava sempre o seu padrinho e fazia diabruras pela casa enquanto estava em idade disso, e, depois que lhes perdeu o gosto, sentava-se em um canto e dormia de aborrecimento. Disso resultou que detestava profundamente as visitas e que só se sujeitava a elas obrigado pelo padrinho. Depois [...] D. Maria chamou por sua sobrinha, e esta apareceu. Leonardo lançou-lhe os olhos, e a custo conteve o riso. Era a sobrinha de D. Maria já muito desenvolvida, porém que, tendo perdido as graças de menina, ainda não tinha adquirido a beleza de moça; era alta, magra, pálida: andava com o queixo enterrado no peito, trazia as pálpebras sempre baixas, e olhava a furto; tinha os braços finos e compridos; [...] e como andava mal penteada e trazia a cabeça sempre baixa, uma grande porção lhe caía sobre a testa e olhos, como uma viseira [...].

Adaptado de Manuel Antônio de Almeida. *Memórias de um sargento de milícias.*

Assinale a alternativa em que se identifica corretamente, nos parênteses, o sentido da circunstância expressa pela oração em destaque no período.

a) O compadre, **como a própria D. Maria lhe pedira**, continuou a visitá-la. (comparação)

b) Era a sobrinha [...] já muito desenvolvida, **porém** que, **tendo perdido as graças de menina**, ainda não tinha adquirido a beleza de moça. (condição)

c) ...**se o não dissemos**, fique agora dito. (modo)

d) ...**como andava mal penteada** [...], uma grande porção lhe caía sobre a testa e olhos, como uma viseira. (causa)

e) ...**depois que lhes perdeu o gosto**, sentava-se em um canto. (lugar)

15. (Insper-SP)

Compare estes períodos

I. Os investidores que temiam ser vítimas da crise global financeira abandonaram o mercado de ações.

II. Os investidores, que temiam ser vítimas da crise global financeira, abandonaram o mercado de ações.

A respeito do emprego de vírgulas, é correto afirmar que

a) Em I, a ausência de vírgulas cria o pressuposto de que ainda há pessoas investindo na Bolsa de Valores.

b) Em II, a presença de vírgulas indica que somente alguns investidores temiam ser vítimas da crise financeira.

c) Pela análise dos períodos, as vírgulas têm apenas a função de demarcar pausas na leitura.

d) Em I, subentende-se que todos os investidores deixaram de aplicar seu dinheiro no mercado de ações.

e) Em II, as vírgulas foram usadas para destacar a ideia de restrição, presente na oração subordinada adjetiva.

16. (PUC-Campinas-SP)

UMA FOTOGRAFIA DO ACIDENTE

Paparazzo é um tipo de mosquito que prolifera na costa italiana durante o verão. Seria o correspondente no Brasil ao borrachudo, pium ou maruim. Mas paparazzo se tornou palavra com sentido comum em todas as línguas do mundo depois que o cineasta Federico Fellini colocou um fotógrafo com este sobrenome no filme *La dolce vita*, de 1960. Sua missão era flagrar ricos e famosos. Desde então, invadindo praticamente todos os lugares do mundo, especialmente Hollywood e as praias mais nobres do verão europeu. Há poucos meses, alguns *paparazzi* se tornaram objeto das lentes dos colegas, quando o foco das investigações sobre a causa do acidente que matou a princesa de Gales virou contra eles. É uma acusação que pode servir para os monarquistas ingleses compensarem a ira que têm dos tabloides sensacionalistas, para os republicanos franceses reafirmarem os dogmas da inviolabilidade da vida privada ou para os americanos criarem mais um espetáculo de mídia, o confronto entre artistas e jornalistas. Mas não serve para fazer justiça quando se sabe que ao volante havia um motorista embriagado (consumira o equivalente a uma garrafa e meia de vinho) e irresponsável (estava mais de 160 quilômetros por hora num lugar em que a velocidade máxima era de 50 quilômetros. "Talvez o dinheiro pago hoje aos fotógrafos leve-os a cometerem excessos", sugeriu o fotógrafo que inspirou o personagem do filme de Fellini. "Mas não existem justificativas para culpá-los." Fotos de Diana valiam muito porque ela era sucesso de público, e suas aparições eram virtuosas performances para que se tirassem fotos e se tivesse uma história. Se o motorista tivesse respeitado o limite de velocidade, a tragédia teria sido evitada. Em relação aos *paparazzi*, talvez seja prudente ficar com o escritor colombiano Gabriel García Márquez, que definiu o jornalismo como "uma profissão incompreensível e voraz, cuja obra termina depois de cada notícia, mas que não concede um instante de paz enquanto não torna a começar com mais ardor do que nunca no minuto seguinte." Os *paparazzi* certamente levam isso às últimas consequências.

Adaptado de IstoÉ, n. 1458, 10 set. 1997.

"Mas não existem justificativas para culpá-los."

A justificativa correta para a concordância verbal da frase acima é

a) nas orações impessoais, o verbo de ligação concorda com o predicativo.

b) os verbos unipessoais só admitem um sujeito, seja da 3ª pessoa do singular ou do plural.

c) o verbo concorda em número e pessoa com o seu sujeito, venha ele claro ou subentendido.

d) o verbo que tem mais de um sujeito (sujeito composto) vai para o plural, para a 3ª pessoa, se os sujeitos forem da 3ª pessoa.

e) nas orações de sujeito indeterminado, o verbo vai para a 3ª pessoa do plural.

17. (Gama Filho-RJ)

A peça de teatro _____ assistiremos é de um autor _____ nome não me lembro, mas seu estilo é semelhante _____ _____ aludimos ontem.

Preenche corretamente as lacunas acima a opção

a) a que / de cujo / àquele / a que

b) a que / cujo / aquele / a que

c) à que / cujo / a aquele / de que

d) que / de cujo / àquele / que

e) que / cujo o / aquele / à que

18. (Fuvest-SP)

A única frase que **não** apresenta desvio em relação à regência (nominal e verbal) recomendada pela norma culta é

a) O governador insistia em afirmar que o assunto principal seria "as grandes questões nacionais", com o que discordavam líderes pefelistas.

b) Enquanto Cuba monopolizava as atenções de um clube, do qual nem sequer pediu para integrar, a situação dos outros países passou despercebida.

c) Em busca da realização pessoal, profissionais escolhem a dedo aonde trabalhar, priorizando à empresas com atuação social.

d) Uma família de sem-teto descobriu um sofá deixado por um morador não muito consciente com a limpeza da cidade.

e) O roteiro do filme oferece uma versão de como conseguimos um dia preferir a estrada à casa, a paixão e o sonho à regra, a aventura à repetição.

19. (UFMS)

Avalie as duas frases que seguem:

I. Ela cheirava à flor de romã.

II. Ela cheirava a flor de romã.

Considerando o uso da crase, é correto afirmar:

(1) As duas frases estão escritas adequadamente, dependendo de um contexto.

(2) As duas frases são ambíguas em qualquer contexto.

(4) A primeira frase significa que alguém exalava o perfume da flor de romã.

(8) A segunda frase significa que alguém tem o perfume da flor de romã.

(16) O "a" da segunda frase deveria conter o acento indicativo da crase.

20. (UFABC-SP)

A alternativa em que o acento indicativo de crase **não** procede é:

a) Tais informações são iguais às que recebi ontem.

b) Perdi uma caneta semelhante à sua.

c) A construção da casa obedece às especificações da Prefeitura.

d) O remédio devia ser ingerido gota à gota, e não de uma só vez.

e) Não assistiu a essa operação, mas à de seu irmão.

21. (Ufam)

Assinale o item em que há erro quanto à regência.

a) São essas as atitudes de que discordo.

b) Há muito já lhe perdoei.

c) Informo-lhe de que paguei o colégio.

d) Costumo obedecer a preceitos éticos.

e) A enfermeira assistiu irrepreensivelmente o doente.

22. (FGV-SP)

Assinale a alternativa em que sejam usados radicais ou prefixos – gregos ou latinos – correspondentes, respectivamente, aos seguintes sentidos: dentro, duplicidade, em torno de, contra, metade, movimento para dentro, flor, livro, vida.

a) Endoscópio, anfíbio, circunlóquio, antibiótico, hemiciclo, introspecção, antologia, bibliografia, biografia.

b) Intramuscular, anfibologia, circunavegação, contraprova, semicírculo, internato, filósofo, biblioteca, biosfera.

c) Endoscópio, cosmopolita, circundar, anti-higiênico, semidespido, introspecção, antologia, bibliografia, biografia.

d) Interface, ambidestro, circundar, antônimo, semiólogo, anteparo, biblioteca, biografia.

e) Endoscópio, ambivalente, circunavegar, antepasto, seminal, introspecção, antologia, bibliografia, biografia.

23. (Fuvest-SP)

> Sinhá Vitória falou assim, mas Fabiano resmungou, franziu a testa, achando a frase extravagante. Aves matarem bois e cabras, que lembrança! Olhou a mulher, desconfiado, julgou que ela estivesse tresvariando.

Graciliano Ramos. Vidas secas.

O prefixo assinalado em "**tres**variando" traduz ideia de

a) substituição.

b) contiguidade.

c) privação.

d) inferioridade.

e) intensidade.

24. (Mackenzie-SP)

> Curiosa palavra. Idoso. O que acumulou idade. Também tem o sentido de quem se apega à idade. Ou que a esbanja (como gostoso ou dengoso). Se é que não significa alguém que está indo, alguém em processo de ida. Em contraste com os que ficam, os ficosos... Preciso começar a agir como um idoso. Dizem que, entre eles, idoso não fala em quem chega à velhice como alguém que está à beira do túmulo. Dizem que está na zona de rebaixamento. Vou ter que aprender o jargão da categoria.

Luis Fernando Verissimo.

O texto propõe diferentes possibilidades de sentido para o sufixo **-oso**. A partir dessas possibilidades, considere as seguintes afirmações:

I. "Glorioso" exemplifica o emprego do sufixo em palavras que fazem referência a quem acumulou algo.

II. "Nervoso" exemplifica o sentido de "indivíduo apegado a algo".

III. Seguindo a lógica do neologismo apresentado pelo autor, "chegosos" poderia ser um termo aplicado aos recém-nascidos.

Assinale

a) se apenas I e II estiverem corretas.

b) se apenas II e III estiverem corretas.

c) se apenas I e III estiverem corretas.

d) se I, II e III estiverem corretas.

e) se I, II e III estiverem incorretas.

25. (FGV-SP)

Assinale a alternativa em que se observe o mesmo processo de formação de palavras que ocorre em *empobrecer*.

a) Apogeu.
b) Apelar.
c) Circular.
d) Crucifixo.
e) Apedrejar.

26. (FGV-SP)

> Pastora de nuvens, fui posta a serviço por uma campina tão desamparada que não principia nem também termina, e onde nunca é noite e nunca madrugada. (Pastores da terra, vós tendes sossego, que olhais para o sol e encontrais direção. Sabeis quando é tarde, sabeis quando é cedo. Eu, não.)

Cecília Meireles.

Esse trecho faz parte de um poema de Cecília Meireles, intitulado "Destino", uma espécie de profissão de fé da autora. A palavra *desamparada* é formada por

a) derivação prefixal e sufixal.
b) derivação prefixal.
c) derivação parassintética.
d) composição por aglutinação.
e) composição por justaposição.

27. (Fuvest-SP)

As aspas marcam o uso de uma palavra ou expressão de variedade linguística diversa da que foi usada no restante da frase em

a) Essa visão desemboca na busca ilimitada do lucro, na apologia do empresário privado como o "grande herói" contemporâneo.
b) Pude ver a obra de Machado de Assis de vários ângulos, sem participar de nenhuma visão "oficialesca".
c) Nas recentes discussões sobre os "fundamentos" da economia brasileira, o governo deu ênfase ao equilíbrio fiscal.
d) O prêmio Darwin, que "homenageia" mortes estúpidas, foi instituído em 1993.
e) Em fazendas de Minas e Santa Catarina, quem aprecia o campo pode curtir o frio, ouvindo "causos" à beira da fogueira.